OBSESSION

オブセッション

こだわり抜く力

CoEvo代表
ジェフ・ハヤシダ
JEFF HAYASHIDA

日本経済新聞シニア・エディター
松本和佳
MATSUMOTO WAKA

日本経済新聞出版

経営の本質は、
数字へのオブセッションと、
人を動かすパッションだ。

自分の能力を生かしきるために思考を整理する。
その意識を養うのがこの本の目的だ。

——— ジェフ・ハヤシダ

経営者は常に公平であり、
誰もが理解できる仕組みを作らねばならない。
中堅社員は自らのスキルを見つめ直し、
若者には信用できる組織を見分ける目を持ってほしい——。
すべての働く人に向けた、こんな数々のアドバイスが、
本書には満ちあふれている。

——— 松本和佳

はじめに　この本で伝えたいこと

　僕はこれまでの人生の大半をアメリカで過ごし、現地資本の企業や日系の企業で、様々な人種やバックグラウンドを持つ人たちと働いてきた。そして、こうした人々の間に文化の違いや表現の仕方の違い、仕事の進め方の違いはあっても、組織を動かす際には、人種や言葉の違いが障壁となることはない、と確信した。

　たとえどんな職場であっても、そこで真面目に働いている人たちはみな一様に、自分のため、家族のためにいい仕事がしたい、誰かから認められたい、との思いを抱いていることもわかった。

　多様な環境で生活をし、仕事の経験を積んだ僕は30代になると、どんな場所でも生きられる、どんな職場でも働ける、と思えるようになった。

　やがて40代半ばになってアマゾンジャパンに職を得て、初めて日本で仕事に就いた。この会社が定めた役職に見合う責任と業務遂行の期待を背負ったわけだけれど、同時に僕は、個人的なモチベーションを胸に秘めていた。それはある種の社会実験のようなものだった。

　自分が20代から40代前半にかけてアメリカで積み上げた経験がどれだけ通用するのか、日本で試してみたい──。

日本人に自律的なキャリア形成の大切さを教えられるだろうか。

　仕事と会社に依存しきることもなく、自分自身の将来を見つめて仕事の経験を積んでいく環境を整えてあげられるだろうか。

　それぞれの従業員が自分らしく振る舞い、成長を遂げるための最適な支援のあり方を見いだせないか。

　僕がアマゾンジャパンで試みたのは、アメリカでの実践そのままに、仕事をする環境を公平にして、共通言語を作って、それをみんなが理解できるようにすること。そして自分を、仕事の中身を、客観的に見る目を養うことだった。

　はたして日本でしか働いたことがない社員たちも、日を重ねるにつれて僕の流儀に順応し、自分という「個」を中心に据えて仕事に臨む方向へと意識が変わり始めていった。

　これは僕が特別な知識を持っていたからではなく、"気づき"のきっかけを示すことができたからだと思う。

　人は、自分でも気づかないような長所を自覚させて、それを共有して、共に伸ばすことができれば、必ず固有の能力を開花させる。僕はアマゾンジャパンで過ごした16年間のうちに、このような定理を確信した。そして会社を離れるにあたり、僕自身が試みてきたことや考え方を整理し、改めて世に問うてみたいと思い、この本を書いた。

読者に伝えたいことは2つある。

- 仕事をちゃんとしたいのなら、自分の目標と目的を明確にしようよ。
- 自分の力で答えを導き出す努力を続けた方が、かえって楽に生きられるよ。人にアドバイスを求めるのはいいけど、解決策は自分で決めよう。

　意識を変えよう、なんてことは言わない。自分の個性をもっと豊かに伸ばして、内に秘めた能力を信じて、素直に生きることを考えようぜ。日々の生活や仕事の中に、楽しさや喜び、自分のためになることなんて山ほどある。それを見つける努力をしようよ。
　この本を読んで、こうしたことに気づいてほしい。

　自分を変えるチャンスなんていくらでもあるってこと。
　その一歩を踏み出すのは、40代だって、50代だって、全然遅くない。
　有名企業に勤めているから、なんていうラベルに頼るのはやめよう。
　親ではなくて、恋人や社会に認められるスキルを身につけよう。
　そのためにも、会社を、仕事を、道具として使って、自分を磨こう。

OBSESSION（オブセッション）こだわり抜く力　目次

6章　会社の成長、自分の成長

1章

章

共通言語
を作る

OBSESSION
こだわり抜く力

01

マクドナルドの
チーズバーガーの教え

▼

共通言語は「数字」

日本にも世界に名が知られる大企業がいくつもある。だが、世界第3位の国の経済力からみれば、影響力の大きいグローバル企業の数はまだまだ少ない。なぜ、そういう強い企業が育ちにくいのだろう。理由は、社内に「共通言語」が浸透していないからだ、と僕は考える。

共通言語がない、といっても、英語ができないということではない。世界全体の人口からみると、英語を話す人なんかわずか2割ほどしかいないのだ。

僕の言う共通言語とは、「数字」だ。経営とは、この数字をあらゆる判断の基準とし、数字を基盤として会社の仕組みを作ることなんだ。

この仕組みさえ整えば、それぞれが遠く離れた国や地域の製造拠点で同じ品質のものが作れるし、世界各国に展開した店舗で同じ品質のサービスが提供できるようになる。

僕がアマゾンジャパンでオペレーション業務について教える教育チームを作った時のことだ。社員教育のメソッドを説く教

本はたくさんあるが、僕がまずやったことは、それらの教本を脇に置いて、若手社員をマクドナルドの店に行かせることだった。

　3人ずつくらいのチームを組み、日を変えて3カ所、例えば千葉と東京といった具合に、できるだけ離れた店に足を運んでもらった。注文はどの店でも同じチーズバーガー。3店舗に行ってチーズバーガーを食べてきた彼らに、どんな違いを感じたのかを尋ねてみた。

　「う〜ん、店舗設計は確かに違いましたけどね。やはりマックはマックでチーズバーガーの形状も味も一緒でしたよ、ボス」と皆が口をそろえて報告する。でもその表情は、一体このボスは何をわけのわからないことを聞いてくるんだろう、と言いたそうだった。

　「じゃあ、3店舗それぞれのバイト同士は顔見知りだと思う？　ミーティングとかして常に情報を共有していると思う？　なぜ、どの店でも同じチーズバーガーが作れるんだろうね。しかも注文してから出てくるまでの時間もほぼ同じだし」

　僕がそう問いかけると、社員たちは言葉に詰まってしまった。自分たちがマックに対して抱いている期待値とか、マックの店員のパフォーマンスに絶大なる信頼を置いているということの自覚がない。当たり前だと思っているから、どこで誰が作っても、一定のレベルのチーズバーガーができる仕組みに気づ

くことができない。

　僕が社員に注意して見てほしかったのは、厨房の設備のレイアウト、そして、注文を受けてから商品を提供するまでのモノの流れだった。

　マクドナルドは世界で1秒に75個、1日に650万個、1年に25億個のバーガーを売ると聞いたことがある。それだけ販売しても、あらゆる地域でほぼ同じ味のバーガーが、同じくらいの時間で提供される。アメリカの店で出てくるバーガーが若干「雑だ」と感じたとしても、そこの国に合わせたcustomer expectation（期待される顧客体験）は満たしている。

　顧客満足度ではなく、顧客期待度。それぞれの国には固有の国民性や異なる社会的価値観があり、マックは多様性を持ってそれに対応している。

　今はどうなのかわからないが、フランスでフライドポテトにつけるケチャップをください、と言ったら有料だった。マスタードは無料なのに……。オランダのチーズバーガーのチーズはチェダーチーズではなかった。しかし、設備のレイアウトや提供時間はそう変わらない。

　国籍も言語も年齢も異なる従業員が、同じタイミングでバーガーを出せる理由は、その裏付けとして数字があるからだ。ポテトを揚げるのも、パテを焼くのも、あらゆる作業の「時間」や「量」は数字で規定され、工程が組み立てられている。目標を達成するための生産性の数字があらかじめ把握され、きちんと守

られているのだ。

　こうして組み立てられた職場環境は、誰にとってもフェアなものとなる。それが世界に通用する強い企業の土台となる。

リーダーの役割は、数字をベースに語ること

　僕は文系の頭をしているが、アマゾンジャパンでは、いかに理数系的に物事を論理づけるか、という視点で経営に携わっていた。大事なことは、働く人たちが共通して理解できる数字を持ちながら、目標や問題に焦点を合わせて対話をすることだった。

　「売り上げはこれだけないといけない。うちの目標はこれだよ。それに対してキミの責任範囲はこう」
　そんな風に期待値を明確にして、評価方法をはっきりさせて、それを彼らと共有する。業務を改善する際には、数字を整理してその理由を示し、同意してもらう。そこには世代のギャップとか、言葉のギャップはない。

　「個」が重視される現代では、情緒的で、漠然としたリーダーシップの話をしても多くの社員から共感を得られない。人々の異なる解釈や異なる価値観、好きだからとか嫌いだからといったノイズをどんどん取り払い、共通言語である数字をベースに会話する。
　経営者の責任とは、その数字の価値と意味を明確に説明する

ことであり、これがリーダーシップの裏付けとなるものだと考えている。

　自分の価値観を強制するのは自己陶酔にすぎない。大きな勘違いをして独裁的環境になる。

　僕がコンサルティングをしているある中小企業の社長が「我が社の文化はお客様に喜んでいただくことです」と言った。もちろん、否定はしない。役員たちもうなずく。そこで僕が「じゃあ、喜んでいただいているということを数字で説明してください」というと、何言っているの？　という顔をされてしまった。

　「昨年は12万人のお客様がうちの商品を買ってくれたんだ」と社長は胸を張って言うけど、人口1億2600万人の日本で、のべ12万人が買ってくれた事実をどう分析すれば、何がわかるの？　その数字の意味を客観的に説明できなければ、「お客様に喜んでいただく努力をしろ」と部下に言っても、言われた方は何をすればいいか理解できない。わかったふりをするだけだ。

スローガンに頼ってはいけない

　僕はコンサルの仕事で、クライアントの会社の3つの階層の人たちに接している。経営トップ、役員から部長・課長までの管理職、そして現場のスタッフだ。

　仕事に携わる中で毎回、その3つの階層の間でまるで会話が成立していないことに気づかされる。僕は通訳みたいに、それ

ぞれの階層に数字と仕組みの話をして、共通の対話が社内に生まれるように導く。

　日本ではスローガンに頼る会社が本当に多い。そのスローガンは論理的なものではなく、たいていは精神論にとどまる。でも理想を掲げて感情で組織を動かそうとしても無理だと思っている。
　すごいリーダーシップを持つカリスマ的リーダーがいる会社では、時にはそれが成り立つこともあるかもしれない。でも、本当に強い会社とは、カリスマ的リーダーがいてもいなくても、その下の階層が会社の長所やアドバンテージを理解して運営し、実行できているのだ。

　会社のアドバンテージ、自分たちのアドバンテージを理解できる仕組みと数字がなければ目標を達成するのは難しい。
　精神論はあくまでプラスアルファの部分。**結果が出る会社と出ない会社の違いは、事業戦略に対して、目標と手順が数字をもとにしっかりと整理できているかどうかの違いなんだ。**
　製造現場にしろ、経理部門にしろ、幹部にしろ、会社がどこに向かって動いているのか、自分がどういう役割を担っているのかを社員が明確に認識している会社が、どんな環境においても強さを発揮する。

　そうはいっても、相変わらずスローガン、精神論に頼る会社がなくならないのはなぜだろう。日本だけじゃなく、海外でも

この手の経営はもはや死に体であるのは明確なのに。

　昔の組合組織みたいな会社だったら同じ方向に全社員の顔を向けさせるのは楽かもしれない。だが、世の中の流れは「多様性」「個の重視」へと向かっている。スローガンの解釈だってパーソナライズ化されるのが当然で、全体の意識を1つの言語でまとめる、というスローガンの定義そのものが成り立たなくなってしまっている。

　人を動かすために必要なのは、スローガンではなく、あくまで具体的な指針だ。

　僕はアマゾンジャパンで16年間働いている間、社員がつまずいた時には「こうしてみなよ」「これをやった方がいい」といろんな処方箋を示してきた。

　僕は彼らがやるべき仕事は全部できた。そしてそのことを皆が知っていた。そこで僕は「自分でできないことをキミたちにやれとは言わない」「わからないことは一緒に解決していこうぜ」という姿勢を常に心がけた。

　だって、大事なのは目の前にある課題や問題を視覚化して、共有することなんだから。僕の論理で相手を"論破"しても何の解決にもつながらないだろう？

　僕がそういう姿勢を貫いてきたから、社員が何かにつまずいた時には、ボスだったらどうやるの？　と聞いてくるようになった。僕が示すのは具体的な解決への手立てであり、課題を乗り越えるための精神論ではないからね。

どうすれば説得できるのか、を考える

　精神論や感情論で話す経営者がいる会社は組織が成長しない。感情論で言われたら、指示を受けている人も感情論で返すので、建設的な議論が成立しないからだ。

　でも、そのことを知らないリーダーは結構いる。どうして彼らは、自分の言うことが正しくて、自分の役職だったら人は何でも言うことを聞く、と思えるんだろう？

　つまるところ、人を動かす、ということは、人を説得する、ということにほかならない。人を説得するうえで重要なのは、あくまで客観的な理屈だ。そこに精神論が入り込む余地はない。

　まずは同じ職場で働いている人間として、対話する相手をリスペクトしよう。そしてお互いに立場が対等であると考えよう。対話は、「人と人との接点」だから、かえって感情に走ってしまうものだと思っていないかい？　それじゃあいけない。人と人との接点だからこそ、相手の気持ちをくみ取ったうえで、数字で公平に、秩序を保って対話を深めていくことが大事なんだ。

　そうすればお互いに、やらなきゃいけないこと、守らなきゃいけないことが見えてくるはずだ。

02

WBSは道しるべ

▼

工程表で適材適所を実現する

新しいプロジェクトなどに携わった時、WBSを作成せよ、と命じられたことはないだろうか。

WBSとはWork Breakdown Structureの略で、「作業分解構成図」などと訳される。要は作業を細かく分類して管理する、スケジュール管理ツールの1つだ。

聞いたことがない、という人も身構えることはない。よくある工程図と同じようなものだから。第1次世界大戦の時にアメリカで考案された「ガントチャート」のように、はるか昔から存在するツールなんだ。

工程図はもともと製造業で採用されたツールだ。プロジェクトを作業内容や担当者ごとに分解し、作業の進捗状況を棒グラフで表示するので非常にわかりやすい。

製造業の現場では工程図を用いることによって、生産ラインにおける品質確認管理がより明確になる。一定の時間で一定のモノができあがり、その品質も保証されるようになる。

フォードに始まった工程図を、やがてトヨタ自動車が究める

ことになり、トヨタがこの工程図を究めたことで、高い品質のもの作りを実現した。これは日本が優れたもの作りの処方を世界に知らしめたレガシーといえるだろう。

　僕は工場を統括していた30年以上前から、エクセルで作った工程図で進捗管理をしてきた。今はもっと優れたソフトで作ることができる。アメリカの企業ならどこでも使っている。

　最近、あらゆる産業界でDX（Digital Transformation＝デジタル変革）が推進されるようになって、工程図はホワイトカラーの職場にも採用され始めた。ただ、日本ではこうした動きはまだ少ないように見える。

　僕は経営全般において工程図は非常に有用だと考えている。**なぜこれが必要なのかというと、作業の進捗が見える化されることによって、チーム内の公平性が保たれるからだ。**

　工程図はプロジェクトのメンバーそれぞれが、どの部分にどう関わり、どう進めているのかを把握できる。いわば関係者全員の共通言語になるのだ。

　「こんなものがなくてもプロジェクトは実行できるよ」。そう言う人も当然、いるだろう。確かに、ごく少人数が携わるプロジェクトならたいして問題はないだろう。

　ただし、1人でやる場合だって、工程図があるかないかで、作業効率や達成スピードが大きく変わってくる。論文を書く時に、あらかたドラフトを作って方向性を決め、執筆の段取りを

考えるのと一緒だ。

　この工程図を緻密なプロジェクトチャートにするには、それぞれの作業項目に頭数を単純に割り振るだけでなく、一人ひとりの能力と経験も勘案して人員配置しなければならない。そうすることで作業ごとの進捗速度をコントロールできるようになる。

　当然、それだけの人材がいないから、そんなの無理だという組織はたくさんあるはずだ。だから、なおさら、工程図が必要なんだ。

　適材適所なんてなかなかできない。できないからこそ工程図を作って支える必要がある。

　どこに人が足りないのか、ということがひと目でわかるからだ。

情熱だけではプロジェクトは進まない

　WBSなんて言葉にアレルギーを起こしそうならば、料理のレシピだと考えれば良い。世の中には感覚でモノをうまく作れる人もいるけれど、いつでも同じものを誰かに食べさせようとするならば、レシピにしちゃった方がいいよね。

　プロジェクトというのはパッション（passion＝情熱）だけでは達成できない。

　目標に到達するまでの道のりを予測し、自分の足取りを一歩

一歩確かめる慎重さと冷静さが必要だ。

　たとえば新規事業のアイデアを思いつき、プロジェクトが立ち上がったとする。すごいアイデアだ、最高だ、と担当者同士でたたえ合い、パッションとエンパシー（empathy＝共感）を持って夢の実現へと歩み出す。だけど、それだけではプロジェクトは進んでいかないんだ。

　この本だって出版までに様々な工程をへている。僕ら著者2人がコーヒーを飲みながら、経営についてああでもないこうでもないとパッションを持って語り合い、「面白い」「あ〜、いい話を聞いた」と認め合うだけでは本はできないのだ。

　いつごろまでに内容を固め、執筆し、校正していくのか。タイトルはいつ決めて、デザインはどうするのか。工程に沿って仕事をしてプロジェクトを前進させていく。

　工程図は地図であり、道しるべだ。その地図の上に示された道を地道にたどり、途中で気づいた落とし穴を埋めていきながら、冷静沈着に前に進む。もちろん突き進むための熱意も必要だが、こうした基本姿勢があってこそ、最後に達成感を味わえるんだ。

　間違ってほしくないのは、工程図は自分のためのものではない、ということ。

　チーム全員がその航路の正しさを確認し、不測の事態が起きたら力を合わせて修正しなきゃいけない。

　不測の事態は必ず起きる。その不測の事態がプロジェクトに

どの程度影響するのかを見極められるのも工程図なんだ。

工程図はメトロノーム

　プロジェクトを進めていく際には、常に一定のリズムで進捗を確認し合うことが重要だ。工程図はいわば、そのリズムを刻む、メトロノームでもある。そして、状況に応じてペースアップもペースダウンもできる。

　現代ではとりわけ、若い世代を導くうえで工程図は非常に重宝する。何事も進捗状況を見える形で示すことが、彼らの納得感を高めるのに必要だからだ。

　最近の若い世代は扱うのに困る、と愚痴る人は多い。上の世代が彼らと対峙するのは面倒くさいことでもある。きちんと褒めてやり、叱り方も工夫しないといけない、なんてよく言われる。

　とはいえ、頭で考えているだけじゃ上手な叱り方は見つからない。うまく指導したつもりが、まったく相手に伝わっていない、なんてこともある。

　一方で、よく頑張っているね、などという表面的な言葉をかけてもほとんど意味はない。

　こんな時に、工程図という、極めて客観的な地図さえあれば、その若手社員の現在位置を正確に明示し、本人を納得させることができる。

ここに、仕事の進み具合が明らかに遅い若手がいるとする。

　本人は自分で遅れているという現状を把握できていないようだし、おそらく誰に、どう相談して良いのかもわからないのだろう。

　そんな時、僕は、工程図を見せながら、キミはこのくらい遅れているけど、どうなっている？　と聞ける。どこでつまずいているの？　どこが難しいの？　そんな問いに対して「僕だって頑張っています」と反論がきたら、ちょっと言葉遣いを軌道修正してみる。

　キミができると思っているから、任せているんだよ。簡単な仕事じゃないんだから、どこが難しいのか教えてくれ。こんな具合にね。

チームで成果を出すためにも必要

　工程図が有用であるのは、メンバー個人の進捗度を明示する、という意味においてのみではない。チームのスケーラビリティ（Scalability）、つまり仕事の増大に柔軟に対応できる能力を高めるうえでも重要なのだ。

　事業を拡大するにあたっては、その拡大スピードを減速させないために、メンバー共通の手法と数値管理を導入することが必須となる。

　メンバーのみんなが同じ物差しで進捗の度合いを理解できていれば、どんな仕事が追加されても、仕事の再配分が円滑になされることになるだろう。

チーム全体で動いている仕事では、１カ所の遅れが全体の遅れにつながる。だが、ゴール地点に到達すべき日時は決まっている。ならば、その遅れの原因を探りながら、工程図を修正し、それに合わせて運営管理の仕方も変えねばならない。

　軌道修正が必要になった時でも、ただちに理解しあえる共通言語があれば慌てることはないだろう。参加している人数が多ければ多いほど、その効用は大きい。山に登る時、パーティー全員が同じ地図を持って行動するのと同じことなんだ。

　基本的に仕事の進捗に関わる議論は、工程図をベースに進めるべきなんだ。

　現代の若い世代には、かえってドライな工程図がある方が安心する、という者が多いんじゃないか。

　自分の仕事が常にどう見られているのか、と気にする無駄な不安や不満が取り除かれるからだ。

03

KPIへのオブセッション

▼

KPIとは「テストの点数」

　会社の共通言語である「数字」で最も身近なものがKPI（Key Performance Indicator＝重要業績評価指標）だ。

　僕はアマゾンジャパンで、このKPIをもとに、部下をいかに公平に評価するか、ということに最大限の努力を払ってきた。

　では、どうやって公平に評価するのか。

　みんなの仕事やその結果の内容をきちんと見る。見るといっても、僕の勘とか感情でじゃない。KPIという客観的な数字を見て、判断するんだ。

　アマゾンという会社はとにかく数字へのオブセッション（obsession＝こだわり）が強い。僕もKPIへの徹底したオブセッションを心がけて経営に臨んでいた。

　どんな会社だって経営を数値的に管理している。新聞社だったら発行部数、高級ブランドだったらバッグや服の売り上げ。さらに財務、IT、法務、人事、すべての業務において、個別にKPIが設定され、損益を割り出している。経営におけるあらゆるこ

とはほぼ数値化できる。まずこのことを頭に入れておいてほしい。

ビジネススクールがKPIを特別な新用語のように教えているかもしれないけれど、表現の仕方が違うだけで、はるか昔から会社では同様の物差しを使って数値管理を行ってきた。だから、KPIのことはわかっているよ、という人も多いことだろう。

でも、本当にきちんと理解しているのだろうか。もう一度考えてみよう。

子供のころ慣れ親しんだKPIといえば、通信簿やテストだ。算数のテストで70点を取ってきた子供に「だめじゃないか。どうして100点じゃないんだ」と親が聞く。「答えが間違っていたから」。子供はそう言うしかない。さらに責め立てたら、いろいろと言い訳をし始めるかもしれない。

ここで子供に聞くべきことは何だろうか。「どこがわからなかったんだ？」という原因の所在だろう。

そして一緒になって原因を探ってみる。その問題は子供に難しすぎたのではないか。子供はその日、ストレスで緊張していたのかもしれない。その子が本当にわからなかったのか、心理的な状態が良くなかったのか、テスト自体に問題があったのか。ポイントはそこを探ることにある。

その次に、じゃあこれからの勉強法はどうすればいいのか、テストのような場に臨む時に子供はどうやって自分の気持ちを

コントロールすればいいのか、を親子で考えるのが本来のあり方なんじゃないか。

テストの点数は単なる結果ではない。その背後にある様々な現象や状況を探るための糸口であり、次のステップに進むための手立てを考える手がかりでもあるんだ。

KPI設定の本当の目的

KPIについてもまったく同じことがいえる。

多くの人がKPIについて間違った認識をしているな、としばしば思う。KPIを単なる「達成すべき目標」としてしかとらえていないのだ。

KPIの数値が達成できた、できない、ということに会話が終始している。とりわけ、売り上げ目標においては——。そして、経営者は結果を見たうえで、なぜ達成できなかったんだ、誰の責任だ、と、建設的な議論をすっ飛ばして、ただちに責任追及に向かってしまう。ナンセンスなこと、このうえない。

KPIを設定することの目的は4つある。
①できていないことを明確にする
②不要な管理項目を排除する
③次にするべき事を見いだす
④できていることを強化する

多くの人はなぜか数値の達成ばかりにこだわる。そして、す

でに達成できたKPIは本来なら不要になるのに、これを後生大事に掲げ続けようとする。後々、自分を正当化してアピールする道具に使い続けたいんだよね。

なぜなら会社がそれを査定評価にしているからだ。でも、これではKPIを設定する意味はない。

KPIは自分がやっている仕事の内容と結果を説明するためだけのものではない。

各事業部が設定しているKPIがどう関係し合って、会社全体の利益につながっていくのか、という視点でとらえるべきものだ。

KPIは同じ目標、同じ目的を組織で共有するための指標でもある。スローガンで組織や人は成長しない。KPIを共通言語として組織の成長を促すんだ。

設定した数値が達成できたら、ただちに次の新しいKPIを設定するだけだ。達成できないKPIが見つかったらしめたもの。業務改善すべきポイントが明確になり、これを機会に組織はさらに成長していく。

ところで、数字とともにもうひとつ重要なものがあるよね。

繰り返しになるが、人を動かしたり、会社を回すのはパッションだ。

会社員が脱サラして1500万円を投資し、ラーメン店を開い

たとしよう。

　店主は様々なKPIを設定する。1日120杯売ればだいたい12万円の売り上げ、週に1日休んだとしても24日間で月に300万円くらいの売り上げになる。毎月の家賃などを勘案すると、手元に月20万〜30万円残るので、これならやっていけそうだと考える。

　う〜ん、トータリーナンセンスだ。

　数字は合っているんだよ。だけど、飲食店にはお客様に好かれるか好かれないかに関して、イロジカル（非論理的）な要素がたくさんある。味が良くても、それだけじゃ、はやるとは限らない。店の雰囲気、店主の態度などのディテールも究めないといけない。数字のオブセッションとともに、お客様を喜ばせるパッションが必要だ。

　もちろん、お客様を喜ばせるパッションがあっても、ラーメンがまずかったら誰も来てくれない。

　数字へのオブセッションと人を動かすパッションは両輪だ。

　このことは忘れないでほしいと、改めて念を押しておきたい。

なぜ会社は利益を出さなければいけないのか

　さて、会社は利益を出す存在だけれども、じゃあ、なぜ利益を出す必要があるのか。その根本的な目的を考えてみよう。

①創業者が大もうけをして、いい思いをしたい

②投資してくれた人への還元。さらに多く投資してもらい、会社を成長させたい

③従業員の給料を上げて生活を豊かにしたい

　最初の目的を見て「なんかモラルの低い会社だな」と思う人がいそうだけど、余計なお世話だし、これも否定できない立派な理由だ。

　この3つに共通することは何か。どれもお金もうけであるということだ。日本人が言うところの「もうかりまっか」「ぼちぼちでんな」というのは、僕は商人の原点だと思っている。

　会社のアイデンティティーは、単純に言うと、もうけたお金の使い方に帰結する。成長路線か。浪費路線なのか。還元路線にいくのか。

　そこで、雇用を増やしたい、マーケットシェアを広げたい、新しい製品を出すといった選択肢が浮かんでくる。競合他社に対する優位性を保ちたいならば、こうした戦略を徹底的に細かく解析して、数値化し、全員の理解を得て、新しいものを生んでいく以外に方法はない。

　お金もうけという数字が支配する世界において、KPIという数字へのオブセッションがなければ、3つの目的のうちのどれ1つとしてかなえることはできないと肝に命じておいてほしい。

もちろん、昭和、平成、令和という様々な世代が一堂に集まる組織で、1つの方向性を理解し、共感してもらうのは容易ではない。

　だが、ここで多様性の時代だから、とか、コミュニケーションギャップは致し方ない、とか、単純に割り切って考えてほしくはない。僕が数字へのオブセッションを何度も口にするのは、こうした様々な価値観を有する人が共存する難しい時代だからこそなんだ。

　数字の共通言語があれば、どんな構成員がいる組織でも、目標を明確に共有できる。その点については、どうか自信を持ってほしい。

04

アマゾンの
フライホイールとKPI

▼

「稼ぐ仕組み」を普遍的に表現すると……

　ビジネスモデルとは何を指す言葉か。それは、ある商品やサービスを通じて顧客に付加価値を提供し、収益を稼ぎ出す仕組みのことだ。

　例えばラーメン屋なら、ラーメンという商品を売り、お金を稼ぐ。この稼ぎを最大化させるため、トッピングの種類を変えたり、スープの味で差別化を図ったりする。

　こうした1つ1つの工夫はStrategy（戦略）ではなくTactics（戦術）であって、基本的にラーメン屋以外には通用しない。

　たいていの場合、ビジネスモデルに関しては、このように特定の商品やサービスを挙げながら、業界単位で論じられることになる。カーシェアリングのビジネスモデル、ファストファッションのビジネスモデル、高級ホテルのビジネスモデル──。こんな具合に、それぞれの業態の稼ぐ仕組みが論理的に明示される。

　この「稼ぐ仕組み」＝「成長する仕組み」を、商品やサービスの枠を超えた、もっと普遍的な概念パターンとして表現するとど

うなるか。仕組みを構成する1つ1つの項目は、普遍的な言葉で示さねばならない。

例えば、ラーメン屋の「新しい具材の採用」ならば、普遍的な表現では「新たな高付加価値素材の導入」という言葉になるだろう。

アマゾンでは、この普遍的な稼ぐ仕組み（ビジネスモデル）を「フライホイール（flywheel＝弾み車）」効果という概念で説明している。扱う商品や業態によらず、あらゆる事業を分析するのに用いられる概念だ。

フライホイールの概念はもともとあったが、アマゾンがこの理論を有名にしたといえる。

弾み車とはギアのメカニズムのことで、ある力を加えて回していくと、その後は自分の運動力で回っていく。会社であれば、何かの都度に押したり引いたり、いろいろな角度からの力を加えなくても、一度仕組みを構築してしまえば、一定の力で利益を生み出し続けるようになる。

<u>社員の仕事は、この回転を加速させること、減速させないこと、そして最も重要なのは止めないこと、と考える。</u>

僕はアマゾンジャパンの採用面接に臨んだ際、シアトルの本社の上級副社長からこのフライホイール理論の説明を受けて、「頭のいい会社に出合ったな」と感心した。

努力とか、頑張ろうだとか、熱意を持ってだとか、そういった

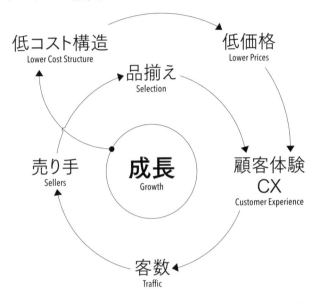

アマゾンの成長のフライホイール（弾み車）効果

低コスト構造
Lower Cost Structure

低価格
Lower Prices

品揃え
Selection

成長
Growth

売り手
Sellers

顧客体験
CX
Customer Experience

客数
Traffic

情緒的な言葉は一切使わず、副社長は僕の目を見てこう話した。

「フライホイールではすべての業務に個別のKPIが設定されている。この数字に基づいてアマゾンは会社を動かしているんだ。まだ完璧ではない。これから創り上げていくことがたくさんある。そこにキミも参加してほしい」

そう言われて僕は即、OKと思った。面接で相対した幹部は誰一人、会社を売り込んだりはしなかったのにね。会社の明確な信念と仕組みを聞いただけで、僕は仲間になりたい、と心から思ったんだ。

アマゾンのフライホイール

　アマゾンのフライホイールを説明しよう。

　中心にあるのが最終的な目標である「会社の成長」であり、それを支えるのがCX（Customer Experience＝顧客体験）だ。CXが向上すればtraffic（客数）が増える。お客様が増えることによって、sellers（売り手）が増え、結果としてselection（品ぞろえ）が増えるから、さらに売り上げが伸びていく。こうした循環が生まれる。

　この循環を低コスト構造で実現していけば、より低価格な商品やサービスを提供でき、さらに顧客体験が向上する。これがさらなる会社の成長につながる、というわけだ。

　僕が入社したころのフライホイールは、まだこんなシンプルな構造だった。だがその後、会社の規模が大きくなるに従い、インフラへの投資、効率の向上、より早くより信頼性の高い配送、といった項目がホイールに加わった。

　経営者は会社の成長を急ぐけれど、巨大になればそれだけフライホイールを回し続けるための力を大きくしなければならないし、時々減速してじっくりKPIを精査する必要性も生じる。

　<u>とにかく大切なのは、会社の成長の軸を常にCXに置き、顧客体験とともに成長する「Customer Experience to growth」の姿勢を貫くことだ。</u>

　このフライホイールに基づき、アマゾンでは9つの項目（顧客

体験、集客向上、販売業者の拡大、潤沢な品数、低コスト構造、販売価格の競争力向上、インフラ投資、効率向上、速く・信頼性の高い配送やダウンロードなどのサービス）それぞれに細かなKPIを設定して、数字をくまなく観察している。

　フライホイールとKPIを通じて組織やビジネスを客観的に、冷静に分析し続ければ、会社がまだ達成できていないことも発見できる。

　決算書はこれら9項目に「成長」を加えた10項目の実績の総括といえる。そこで示された財務の内容から、個別の業務や各事業部の貢献度がどうなっているのか、という分析を導き出すことが大切なのだ。

適切なKPIは、上司と部下双方に役立つ

　とはいえ、人間は主観的な生き物だから、自分の仕事を数値化して測られたくない、という意識がある。

　例えば新聞記者である社員に、この1年間の実績を説明してください、と言ったら、こんな風に答えるのではないか。
　「私は1年でこれだけの執筆をして、これだけの記事が世に出て、これだけの人とネットワークを築きました。そうして会社に貢献しました」
　僕が上司だとこう返す。
　「努力はわかった。だけど、執筆したものと発行したものに対する購読者数と売り上げへの貢献度はどのくらい？　時間あた

りのキミの会社への売り上げ貢献度と利益貢献度は？」

　<ruby>鬱陶<rt>うっとう</rt></ruby>しいなあ、と思うかい？　何も考えていない経営者なら、この調子で頑張ってね、と言うだけで終わるだろう。でも、それではキミの成長にはつながらない。

　できるだけ数値化した貢献度をもとに分析・評価する視点を持たなければ、より適正なKPIをはじき出せずに終わってしまう。当然、仕事の種類によっては"質"が測れないものもある。けれども"評価"はあるので、その評価について話し合うことはできる。

　さらに、経営者やリーダーならば、この記者に対して、もう一歩踏み込んだ問いかけをしてほしい。

　この成果を生み出すのにどれだけ大変だったのか。どの部分に苦労したのか。キミが得意な分野は何か。キミが自分の能力を発揮するためにやっている仕事の中で、無駄な仕事がどのくらいあったのか。100という時間のうち、編集、執筆、社内連絡、会議にどれだけ時間がとられているのか——。

　まだできていないこと、修正しなければいけないことが見えてくるはずだ。これによって、新たなKPIをどう設定すればいいかが明らかになるだろう。

　一連の分析は部下のためだけのものではない。上司の日々の姿勢をあぶり出す効果も期待できる。

　自分の仕事を全うしていると思っている上司が、実は部下の

時間を無駄に使っている当事者であることが多い。だが、実際にお金を稼いでいるのは現場の人間だ。

　適正なKPIを導き出す作業が、上司と部下双方の仕事の進め方を見つめ直し、修正していくうえでいかに重要か、ということを認識してほしい。

常に新しいKPIを模索し、成長する

　こうしたフライホイールやKPIの考え方は、日本の会社に導入しようとすると、たいてい強い抵抗を受ける。僕がアマゾンジャパンの現場で進めようとした時もそうだった。

　「人間はロボットじゃない」「感情は数値化できない」「欧米の情のない管理手法だ」——などなど。

　なぜこういう反応が出てくるのだろうか。

　人はみんな生活も仕事も自分のペースでやっている。それを一定の枠にはめられることを多くの人は嫌がるものだ。その気持ちも少しはわかる。

　また、こんな意見もある。「工場で組立工などをやっている人は我慢できるかもしれないが、デスクワークをしている人にはこのやり方はあてはまらない」という具合にね。

　でも、そんなイメージを持っているとしたら、まったくの的外れだ。

　会社という生き物を育て、成長させるには、全員が歯車にな

らなければならない。といっても、なにも個人の意見とか考えとかを尊重しないと言っているわけではない。そうした状況はチャップリンの「モダン・タイムス」で批判されている通りだ。

僕が言っているのは、それぞれが尊厳のある自立した歯車として機能し、自分の頭で思考しながら、1つ1つの役割を全うしつつ、全体の成長にどう貢献できるかを考える、というアプローチだ。

稼ぐ仕組みの中で、あらゆる構成員が自分の目標達成を目指しながら、別の業務にも成果を最大化できるように貢献していく、そうした循環を生み出すのが何よりも大事なことだ。

就労に関する心理学でよく取り上げられるけど、働いている人が仕事で最も重視しているのは、所得ではなく、達成感や参加だという。では、どうすればその達成感と参加している実感を組織の中に行き渡らせることができるのか。

KPIの数値をもとに達成できなかったことを割り出して、その理由を解析し、共有することによって、社員一人ひとりに「自分が新たな道を見つけ出すんだ」という意欲を持たせること。それが1つの手立てであると僕は思っている。

1つのKPIを達成したら、また新しい数値を示して目標にしていく。KPIを常に変化させながらフライホイールを回していくのだ。

そう、成功とは個別のKPIの達成ではない。常に新しいKPIを追い求めながら、組織全体が成長することが成功なのだ。

このフライホイールのあり方やKPIに「Obsessive（こだわり抜く）」という姿勢を貫いてきたのは、型にはまったルールを嫌うアマゾン本社のアメリカ人たちだ。

　なぜか？　彼らはこの仕組みが効果的に機能すると信じることができたからだ。KPIが繰り返し刷新されていくのを目の当たりにし、幾度も皆で成功事例を共有できたからだ。

05

究極の顧客・
ベゾス氏の「?」メール

▼

CSよりCXを重視せよ

　アマゾンの創業者、ジェフ・ベゾス氏はぶっとんだ天才であり、世界で一番面倒くさい、アマゾンの顧客だ。

　ベゾス氏は常に、何か行動するうえでの工程や時間をものすごく大切にする人なんだ。

　たとえ簡単な事柄であっても、それをするための時間を無駄に費やすことが大嫌い。だから、1993年にアマゾンをスタートした時から一貫して、「お客様の負担を減らせ」と繰り返し言い続けてきた。

　僕も2005年に入った時から、「お客様の負担を減らせ」といつも上層部から言われていた。

　それこそが、いわゆるCX（Customer Experience＝顧客体験）重視の姿勢だ。

　この項でも説明しているが、アマゾンの普遍的な稼ぐ仕組み（ビジネスモデル）である「フライホイール（flywheel＝弾み車）」効果において、加速装置となるのがこのCXなのだ。決してCS

（Customer Satisfaction＝顧客満足）ではない。

CSがモノ・サービスに対する満足度であるのに対して、CXはモノ・サービスを通じた体験に対して顧客が感じる価値のことを指す。

ベゾス氏の「お客様の負担を減らせ」という指示は、そもそも自分の体験に根ざしたものだ。単なる掛け声やスローガンといった精神論で僕たちを動かそうというのではない。

ベゾス氏は自らアマゾンで年がら年中モノを買っている、掛け値なしのヘビーユーザーだ。そこでの気づきをもとに言葉を発しているから、誰も反論などできない。

ベゾス氏の「？」メールとは

幹部たちが恐れているものに、ベゾス氏の「？」メールがある。

ある日、オペレーションの幹部全員に画像付きのこんなメールが回ってきた。でっかい箱に緩衝材の空気枕が大量に詰め込まれ、小さな注文の品がポツンと中央に置かれた画像。「こんな状態で自分の家に荷物が届いたんだが」という証拠だ。

そして書き込まれたメッセージは「？」マークだけ。

これが「？」メール。

一体、何を表現しているのか。ちょっと考えればすぐにその真意がわかる。

配送用の箱は種類が少ないほど、我々の資材調達の面で効率が高いし、お客様に納品するまでの物流効率も高い。倉庫のスペースに荷物を収容する時、箱の種類が少ない方が整理して置きやすい。輸送する際も積載に無駄が生じにくい。

　だが、輸送する商品自体の大きさは様々だ。箱の種類が少なすぎたら、ベゾス氏が添付した写真のように、商品と箱のミスマッチを想起させるような事態が起きてしまう。お客様の立場からすれば、なんて無駄なことをしているんだろう、小さな商品にはもっと小さな箱を使えばいいのに、と思うはずだ。この課題は常にアマゾンが取り組んでいることだ。

　つまり、ベゾス氏はこの1枚の写真と「？」マークだけで、「この無駄な箱の使い方、どうなってるの？　これでいいと思う？」と我々に問いかけたんだ。

　まったく言葉を使っていないだけに、かえってゾッとするよね。

　この「？」メールが届いて、社内は大騒ぎになった。まあ、いつも大騒ぎなんだけど。ベゾス氏が今回アメリカで買った商品について、日本での配送はどうなっているか、ヨーロッパはどうなっているか、と世界中で「？」マークが共有され、各エリアで点検、修正が始まった。

　もし大企業の社長からこんなメールが届いたら、そこの幹部たちは僕らと同じような気持になるだろう。でも、これは決

して高圧的なメールとは言えない。だって意思表示は一切ないんだから。説教も批判もない。「鶴の一声」でもない。

「？」はベゾス氏の体験に基づいた、素朴な疑問の表れでしかないんだ。

実はアマゾンではかなり前から、CO_2削減の活動を始めていた。どれだけ無駄に空気を運んでいるかというKPIだ。僕の認識ではこの「？」メールがきっかけになったと思うのだが、結果的に無駄の排除につながったことは間違いない。

CO_2削減の取り組みはまだまだ求める水準に達してはいないだろうけど、難しい課題だからこそ、こうした小さな積み重ねが重要になる。

徹底的に現場に「考えさせる」

ベゾス氏の視線は極めて細かいところにまで注がれ、ちょっとした「お客様の負担」や「無駄」を見逃さない。そこが、他の多くの経営者と違うところなんじゃないか。

「赤いドレスを頼んだのに、赤じゃない」。アマゾンで洋服や靴を扱い始めたころ、こんな苦情がよく届いた。

ここ20年の間にパソコンのディスプレーが高品質の液晶に置き換わったのでだいぶ事態は改善されたが、かつて普及していたブラウン管モニターでは、メーカーによって色合いの表示具合が結構違っていた。消費者が自ら設定した解像度の影響を

受けることもある。でも、お客様にそう言ったところで根本的な解決にはならない。

　そこでベゾス氏はただちに自前のフォトスタジオを作った。メーカーが撮影した写真をそのまま使うのではなく、異なるモニターで見ても実物に近い色が出るよう、ライティングやカメラにこだわった、画像の精度が高い、撮り下ろしに切り替えたのだ。

　サイトの表示スピードや写真が切り替わるスピードも「サクサク」できなければすぐに「？」メールが飛ぶ。小さなサイズのタブレットやスマホの普及によって、商品の写真が小さくてわかりにくくなったと思ったら、すかさず、写真が拡大できる仕様に変更した。

　ことほどさようにCXというものは、「モノがきちんと届く」ということ以外の、あらゆるサービスの品質に関わるものなんだ。

　アマゾンでベゾス氏をはじめとする経営陣は、事業担当者に「考えさせる」質問しかしない。これに対しては言い訳なんかしても意味がない。そして、それを理解してすぐに対処できないヤツは長続きしない。

　さらに現場のリーダーには、常に部下に対して、難しく、質の高い質問を投げかけることが期待されている。

　質問が投げかけられた社員たちは、即、みんなで回答を考える。日本の会社のように、偉い人たちが集まって会議をして、こ

うしよう、と決めて、それを下に指示して——なんて悠長なことはやらない。

ベゾス氏は「キミたちが現場を担っているんだから、キミたちが一番のプロだ。プロにできないことなんかない。プロはこだわりを持って、自分たちの仕事を磨け」と迅速な対処を待つだけだ。

ベゾス氏から学んだこと

ベゾス氏に何かを提案すると、答えは2つしかない。

1つは「却下」。だけど、もしそこにお客様にとっての利点があるなら、練り直しを求める。

もう1つは「進めろ」。そして「進めろ」の次にすぐ聞かれるのは「で、いつから提供するの？　いつから始めるの？」。なんだかんだ準備をして1年で……、なんてアマゾンではありえない。準備もできていないような話を持ってくるな、と叱られるだけだ。

アマゾンにおける物事の判断スピードと修正能力は、日本の会社とはあまりにもギャップがありすぎる。

CXが劣化することに対してベゾス氏は非常に厳しかった。

例えばこんなこともあった。アマゾンではクリスマスシーズンの3〜4日間に注文が集中して、サーバー容量が足りなくなる。それゆえにこの期間はサイトの「サクサク」感がかなり落ちてしまう。解決策としてはサーバー数を増やすしかないのだ

が、大規模な設備投資が必要だ。

　幹部らは「年間のわずか4日間のためにサーバーに投資することは考えにくいよね。画面が重くても、お客様にはなんとかそれで注文してもらうしかないね」と考えていた。

　だが、幹部会でそう話していたら、ベゾス氏が即座に「NO!」と言った。

　「一番注文が集中している時こそ、サクサクしていないといけない！」

　いやいや、設備投資は数百万ドルという相当な金額になりますよ、ってみんな思っていた。でも、ベゾス氏は納得しなかった。

　「それは違う。そういうことに対応していかないと、お客様は離れていくんだ。キミたちはCXを理解していない。お客様に何かを我慢させることはCXではない！」

　ベゾス氏はそう明言し、幹部はおお〜っと心を揺さぶられた。

　自分の資金で作った会社であることを前提に経営を考えているから、発想がぶっ飛んでいた。並の経営者とはレベルが違う。株主がその巨額の投資に納得しないかもしれない、なんて逡巡することはない。

それよりも僕が圧倒されたのは、全社員が集まったオールハンズ、というミーティングでベゾス氏が言い放った言葉だ。

　「我々がすることは、すぐに理解されなくてもかまわない」
　「正しいことをするのに、人がすぐ理解するとは限らない」
　「長く誤解されることを恐れるな」

　ベゾス氏はすごい。まるで宇宙人だ。次元が違うよ。
　彼には、会社を成長させて、永続させていくための強固なロジックが頭の中にある。そのロジックを貫いているのが、紛れもないCXという信念だったんだ。

　僕がアマゾンジャパンに入ったのは2005年、アマゾン創業10年目だった。ぐんぐん成長していくアマゾンの初期に働けたこと、ベゾス氏と直接対話できたことは、僕にとって、実に運のいいことだった。

06

CSの呪縛の裏にある 「お客様は神様」

▼

CXは定量化できる

日本はなぜCustomer Experience（CX、顧客体験）ではなく、Customer Satisfaction（CS、顧客満足）を重視するのだろう。

満足、不満足というものは数値化できないから、測りようがない。

日本の会社ではよくお客様アンケートをとって顧客満足度を測るというけれど、その結果は極めてあいまいなものにとどまってしまう。

「満足」は感情的なものであり、主観的なものだからだ。もしかすると、日本がクレーマー社会になりつつあるのは、そんなCSを大事にしすぎるせいではないか、とさえ思う。

不満を持つお客様が1人でもいれば、必ずなんとか対処しなければいけない……そんなことを言う経営者もいるようだけど、本当にそうなのか？　考えてみよう。

前回も話したように、CSがモノ・サービスに対する満足度であるのに対して、CXはモノ・サービスを通じた体験に感じるで

あろう客観的な価値のことだ。そして、このCXへのオブセッション（こだわり）こそが、アマゾンを急成長させる原動力となった。

　アマゾンではベゾス氏の大号令のもと、「お客様の負担を極力減らすこと」に努力してきた。と同時に僕は、CXは「社員の負担を極力減らすこと」でもあると考えている。

　CXは、定量化したデータによって整理することができる共通言語だ。

　アマゾンが収集するデータには、お客様が一定期間にサイトをどのくらい訪れて、何回くらい商品を見たか、あるいはどれくらいのスピードでお客様に画像や情報を提供できたか、お客様が商品を探した時に在庫がきちんとあったか、新品・中古の選択肢が豊富か、比較できる商品があったか、頼んだモノが翌日までにお客様の手元に届いたか、返品率がどれだけあったのか——といった客観性に基づく項目が並んでいる。

　これらをすべて数値化して複雑なアルゴリズムによって解析し、検索のヒット率や商品群の魅力などをレーティング（段階的な評価）している。件数が多ければ多いほど、多くの人が納得する数値に近づく。

コールセンターの対応、日米の違い

　こうしてCXをどんどん充実させていくことによって、お客様の負担が減る。わざわざコールセンターに問い合わせてやり

とりする必要もない。実はこの問い合わせだって、お客様にとっては相当負担がかかる行為のはずだ。

　ところが、日本ではなぜかコールセンターに問い合わせをするお客様が多い。そして、そんなお客様にとりわけ丁寧に応対することが良いこと、とされているようだ。これが、日本のおもてなし、だと思っているのだろうか。

断言する。こうした応対の努力はほとんどが無駄だ。

　アマゾンでの問い合わせは、その多くが「僕の荷物はどこ？」というものだ。何日に届きます、という約束の日の手前で聞いてくるお客様が圧倒的に多い。本当に行方不明になってしまった荷物の問い合わせは別として、こうした問い合わせにはAI（人工知能）で自動応答すれば十分だ。

　ところが日本ではそうはならない。15年ほど前、日本のコールセンターでのお客様への応対時間が欧米に比べてほぼ3倍と、あまりにも長いことに僕は気づいた。そこで、一体何が起きているんだろうと不審に思って、応対の内容を録音して調べてみた。

　やれやれ。これじゃあ、長くなるはずだよ。

　まずアメリカの応対だ。
「ハロー、こちらアマゾンです。ご用件は？」
「俺の荷物が届かないんだけど」
「オッケー。アカウントチェックしますね。ああ、すぐに出荷

済みなので、今日明日には届きます。問題があったらまた電話してください。サリーが担当しました！」。ガチャ。

これで終了だ。

日本の場合は。

「はい。こちらアマゾンジャパンの田中でございます。お電話をいただきましてありがとうございました。お客様のご用件は何でしょうか」

まず、ここまでが長い。

「俺の荷物が届かないんだけど」

「ただいまお客様のアカウント情報と出荷の状況をお調べいたします。今、出荷の準備に入っておりまして、明日の20時には着くと思います」

もう、ここで疑問は解決したはずなのだが、ここから不毛な会話が始まる。

「何でもっと早く着かないんだよ」

「大変申し訳ございません。今の配送状況では明日の20時となります」

お客様、すでに答えをもらっていますよね？

コールセンターの担当者は一体、何に謝っているの？

日本ではコールセンターの会話が、情報を交換するための簡潔な会話になっていない。感情を満たすための会話なんだ。そう僕は気がついた。

さらに調べていくと、週に3〜4件、40分という長時間の応対があることがわかった。多くの場合、お客様がいつまでも不満を漏らし、そのうち怒ったり、怒鳴り始めたりしている。そこで僕は担当者に、「怒ったり、怒鳴ったりする客には即、電話をガチャと切っていい」と指導した。

　だが結局、切る勇気のある担当者はいなかった。アメリカではお客様が怒鳴った瞬間に切るのが当たり前だ。でも日本では、延々と謝って、なだめる。怒鳴られても、暴言を吐かれても、謝りながら会話を続ける日本の習慣は不思議だなと思う。

　クレームというのは、約束が守られていないことに対して権利を求めることだ。

　ところが日本で多いクレームは、理不尽な要求や不満を訴えるもので、コールセンターがそれを一手に引き受けている。お客様が満足することが何より大事なので、どんな会社も不満を解消しようと必死だ。

　ただし、「満足」の定義があいまいなままだと、ラチがあかない。

　料理でいえば、大盛りの定義はお店が決めた「大盛り」の範囲内にしかならない。それでも、「これじゃ大盛りとはいえない」と文句を言う人は行かなきゃいいし、店はお客様にお引き取り願えばいい。

　日本には様々な、相手を不快にさせないためのテクニックがある。

例えば交通事故などにあった際、保険会社に電話するとオペレーターが事故の経緯や車の状況などの情報を聞き取りするが、その際、決まって同情的な声で応対する。

　これもそのテクニックの1つだ。電話の向こうにいる相手を不快にさせないようにするのが最優先。それがCSだと勘違いしてはいないだろうか。そのためにCXがおろそかになっていないだろうか。

　本来、事故処理ならば話を長引かせずに、てきぱきと事務的に要点だけ言えばいいのだ。それで十分に体験価値を提供しているからだ。ただし、大手保険会社の友人によれば、同情を求めるのはお客さまの方だというのだけれど……。

　僕は仕事の信条として、部下たちにいつも、お客様には悪いニュースはできるだけ早く伝えろ、と言ってきた。

　何かうまい言い訳をつけようと考えているうちに、報告が後回しになってしまい、相手は何事もうまくいっていると勘違いしてしまうからだ。

何も言わないお客様に配慮を

　今のような情報過多の時代に、わざわざ企業がCSを調査する意味は希薄化している。口コミやランキングといった「満足度」を示す情報があちこちに氾濫しているからだ。

　CSが悪いとは言わない。ただ、なんとなくお客様の満足度を浅くわかった気になっても、それは誰もが納得する解ではない

<u>のだ。</u>

　CXは測る手立てを考えるのが大変だが、白黒がはっきり出る。共通言語である数字に基づいているからこそ、重要な意味を持つ。

　日本がCSの呪縛から逃れられないのは、根底に「お客様は神様」という日本人特有の意識があるからだろう。「お客様は神様」、この言葉を拡大解釈し、過剰にお客様を尊重してしまっているのではないだろうか。

　アメリカのお店にはたいてい"我々にはサービスの提供を拒否する権利がある"という看板がレジの後ろに下がっている。これは会社の姿勢を示したものだ。理不尽なお客様への応対を社員任せにしない。なぜか？　社員に理不尽な負担を強いることは健全ではないからだ。

　百歩譲って「お客様は神様」であるならば、喜んでサービスを受けているサイレントマジョリティーのお客様をもっと大事にしようよ。文句を言うお客様に時間を割くのではなく、何も言わないお客様のことを考えようよ。

　カフェのウエイトレスが主人公の、「NYボンビー・ガール」というアメリカのコメディードラマに面白いシーンがあった。若い男性客が店にやってきて、その男が指をパチン、パチンと鳴らしてウエイトレスを呼ぶ。すると、そのウエイトレスがやってきて、男の目の前で指をパチンパチンと何度も鳴らしながら、「ねえ、注文は？　こうして呼ばれて楽しい？」とやるんだ。

ダイバーシティであるとか、尊厳を重視しようと言っている時代だよ。店もお客様も対等なんだ。店はお金を払ってくれるお客様を大事にしなきゃいけないし、お客様は自分が望む商品やサービスを提供してくれるお店をありがたく思う。それだけだ。

　カネを払っている自分の方が偉いんだ、なんて勘違いして暴言を吐くお客様には、さっさと退場していただこう。

2章

イノベーション の起こし方

OBSESSION

こだわり抜く力

01

企業文化を開花させよう

▼

実は文化を変えたくない経営者たち

僕が会う経営者の人たちはよく、「企業文化を変えたい」と言う。どんな風に変えたいのかを聞くと、「イノベーションを起こしたい」「アイデアを出せる会社に」という話になることが多い。

でも話を進めていくと、実は経営者自身、企業文化を変えたくないんじゃないの？　という印象を受けることがある。

多くの創業者は自分の成功体験を複製させることによって、企業文化が醸成されていくと考える。社員に対して、うちの会社はこういう努力をして、こんな営業をして成長してきた、という成功体験の話をしがちだ。松下幸之助氏は自身の経験値から練り上げた商人の文化を後進に説いた。

周りはそれを本にしたり、教育プログラムに落とし込んだりして企業文化を浸透させてきた。これはこれで、大きな学びにつながることがある。

自分が体験したり、人から学んだりした成功例を基に思考するのは人間の習性といえる。たぶん若いお父さんだって、息子

に対しては同じような心持ちで接しているはずだ。

だけど、こと経営においては、時代がすっかり変わっているのに、同じ思考法や方法論が通用するとは限らない。

僕は創業者の成功体験から生まれた企業文化を大切にすること自体は否定しない。ただ、自分が成功した時の感性と感覚のみに基づいて企業文化の話をしている経営者が、自分の組織に対して「新しいものを生み出せ」と言っても、それは無理でしょ、って思う。

時代の流れに乗っかっていくなら、働いている人たちの知識やスキルのアップグレードが必要だし、作業場や仕事の環境も変えていかないといけない。意思疎通を円滑にして、新しい意見を取り入れる環境を整備することが欠かせない。

そうやって組織をアップデートしていくことによって、現代に通用する企業文化が育まれるんだ。

ところが、頭の中が過去の慣習や成功体験に凝り固まっちゃうと、時代遅れになったルールをいつまでも捨て去ることができない。

いまだに就職活動の際にリクルートスーツを推奨しているのもそう。女性が受付をしているのもそう。始業・終業時間が管理されているのもそう。

働き方改革なんて口では言っていても、例えば日本ではフリーアドレスの導入が極めて遅かった。

僕は仕事ができない人ほど凝り固まったルールに頼るのだと

考えている。その方が変化のリスクがなく、安全だからだろう。

「リスキリング」に成功したソニー

　企業文化は、会社の利益にならないルールや、付加価値を生まないルールをどんどん取っ払い、自由度の高い働き方を導入することでフローリッシュ（flourish＝花開く）するものなんだ。企業文化も常に進化しなくてはならない。

　そんな話をすると「ジェフ、会社に必要なルールっていっぱいあるんだ。規律を保つためにも、それを守らなければいけない」と言う人がいる。

　もちろん、品質やコストといった着地点が明快なものについては、目標を達成する工程の手順としてのルールを定め、それを当然守るべきだ。でも、それよりいい方法があるという話をするな、とは、誰も言っていないでしょ。

　異なる意見に耳を傾ける。発言したり、提案したりする自由度がある。そんな組織で、じゃあ実験してみよう、という話になったら、きっと新しいものが生まれてくる。新しいルールも見つかる。

　今までと違う方法論をシャットアウトしてしまったら、そこで進化が止まる。

　ソニーの企業文化はイノベーションで始まった。ウォークマンは創業の精神である、イノベーティブな企業文化、発明して

モノを生み出すという強い意志を受け継いだ人たちが開花させた最高傑作だった。

　ただし、当時の企業文化が今のソニーにそのまま根付いているのかといえば、僕はどちらかといえば、ないと思う。今はもの作りではなく、ソフトウエアカンパニーの色彩が強くなっているからね。

　なぜかつてのソニーが独自の文化を開花させられたのかというと、経営陣がフローリッシュを促す環境の整備に心を砕いていたからだ。社員の話を聞き、新しいことをやらせる。そこに投資をし、リスクがあっても挑戦してみる。

　会社の中に発想の自由度、行動の自由度を促す信念があったのだ。

　でもソニーは、ウォークマンからさらに進んで、アップルのiPod（アイポッド）のような革新を生み出すことができなかった。ウォークマンの時代で思考が停止してしまったとしか思えない。

　次のステージに進むべき時、ソニーはすでに大企業になっていた。そしてウォークマンがあまりにも大きな成功を収めたがために、それを超える新発想の製品を作ることに対する抵抗勢力が、社内に生まれてしまったのではないか。

　新たなイノベーションの殻を破れず、ウォークマンの延長線上の製品開発が延々と続いたように僕には見える。

　成功事例の複製は文化の開花を阻む元凶になるんだ。

しかしソニーは革命を起こす。

　まったく新しいビジネスモデルに向かっていく。オーディオ機器、テレビという分野から一気にゲーム機器の領域に重心を移し、そこでの覇権を握ることになったのだ。

　ソニーのプレイステーションは画期的な品質と性能を誇り、ソフトの様々なタイトルを集めていく。この革命がきっかけとなって、家電戦争からほぼ足を洗ったソニーがエンタメ業界の有力なコンテンツ会社へと脱皮する。

　柔軟性を身につけるという「リスキリング」に成功した会社なんだと思う。

　ひるがえって中小企業になると、そもそもイノベーティブな発想をする人自体が少ないし、お金もふんだんにあるわけではない。すると、えてして社長が言っていることを複製しようとする風潮が蔓延してしまう。それでは大胆な改革など起きるはずがない。

「アマゾンジャパンの成功体験」を話さない理由

　僕がコンサルティング契約をしている中小企業にとても面白い創業社長がいる。いうなれば「自己肯定否定型」だ。

　自身の才覚で懸命に努力して、ぐんぐん会社を成長させてきた。いまや上場目前。優秀な娘婿という後継者もいる。「自分が思ってやってきたことが正しかった。だからここまできた」という自己肯定感は強い。

だが一方で、「まだ会社を成長させたい。でも世界中で思わぬことが頻発している。自分の価値観で会社と従業員を見ていると、しくじりそうだ。だから、ジェフに相談しているんだよ」と不安ものぞかせる。

　様々な国・地域のニュースを実によく見ている。狭い日本で仕事をしているから世界観を広げようと必死だ。

　「世界の価値観の変化や経済の動きを眺めていると、一体自分が何を頼りに物事を判断したらいいのかわからない。20年前の成功例はもう通用しないよ」

　そんな自己否定の観念も抱いている。

　僕もその会社には、自身が在籍していたアマゾンジャパンの成功事例は話さない。徹底して教えるのは普遍性のある仕組み作りだ。

　どんな人種であろうと、どんな国であろうと、会社の成長を支える普遍的な仕組みは、数字という共通言語をよりどころに作り上げられる。

　根本的な事業内容は変えないが、その会社のあらゆる仕事の内容や成果を数字で表し、変えるべき部分を見つけ、変えていく。共通言語である数字を解析し、その見方を議論することが大事なんだよ。

　解析の仕方も1つではない。議論の中から、新しい数字の見方、考え方が生まれてくる。

　今、営業やマーケティングでよく耳にするKPI（Key

Performance Indicator＝重要業績評価指標）だって、一度設定したらそれっきり、というものではない。時代に合わせて常に変えていくべきものなんだ。そのあたりを勘違いしている人がなんと多いことか。

重要な経営事項を共通言語である数字で表す努力、それを共有する努力が会社経営には必要不可欠なんだと、社長には伝えた。

最初は次期社長も部長たちも難色を示した。ところが根気よく取り組んで7カ月がたったころ、「会社が変わってきた」という声が上がった。

どう変わったのか。「自分の発言や行動が他人にどう受け止められるかを気にしなくなった」「このことを言っていいのかどうか、と迷わなくなった」と言う。

様々な判断や行動のよりどころが客観的な数字になったのだから、当然だ。

この気づきはとても大事なことだ。そして会議の質が一気に上がり、みんなが堂々と対話するのを目の当たりにして、僕は、会社は変わるものだ、と改めて感じた。

そして、こういう会社こそが企業文化をアップデートしていけるんだと確信した。

プライドで経営すると、独裁につながる

仕事を数字という共通言語で理解する。主観的な意見をぶつ

け合うのではなく、数字の解釈について議論する。時には現状を否定する結論が導かれるかもしれない。だが、そこから新しい仕事のやり方が見つかることがある。

反面、自己肯定型で成功事例に頼る企業文化では、気に入らない数字を受け入れず、できないことの言い訳をしがちになる。

時に自己否定をしてみる。自分の存在を否定しろ、と言っているのではない。自分の考えと価値観は絶対だ、と思わないことが自己否定なのだ。

自分に対する疑問を常に持っていれば、より良い方法がある、より正しい方法があるはずだと考え、それを探り当てることができる。

人間は面白いものだ。過去の成功にこだわる人っていうのは、新しい取り組みや、成功するかどうかわからない次のステップに踏み出すことに対して自信がない。

そのくせプライドが高い。プライドが高いから、過去を疑問視されることが許せない。

おかしな話だが、自信がないけど、自信があるんだ。そしてこの自信は、過去の栄光に頼っている。ここを否定されると、自分の存在自体が否定されるように思えるから許せないんだ。

さらには、自分の仕事の仕方を「ノウハウだ」と言って隠す。誰でもマネできるやり方はノウハウではないのに。

でも、本当に強い人は、自分に対する疑問を常に抱いている。このまま進んでいっていいのか、今の自分の判断は正しいのか、と。

　ただし、疑問を持ちながらも根本的な方針については自信がある。自分が正しい方向に向かっているのは間違いないってね。

**　つまり自信がある人ほど自信がないといえる。**

　プライドで経営する人は、自分の価値観を守るために社員の負担や犠牲に目をつぶる。これまで自分の考えに沿って実績を積み上げた優秀な人だけを経営の根幹に据える。

　一見、順当な人材配置にも思えるが、要は息のかかったイエスマンを周りに置きたい、殿様でいたい、というだけの経営者も少なくない。

　経営には信念が必要だが、視野の狭い価値観にとらわれた強権は、時に暴走し、止まらなくなる。異なる視点から軌道修正を進言する人材は排除され、多くの社員はなすすべもなく従わざるをえなくなる。

　こうした民の犠牲に基づく統治を独裁と言う。

02

パーソナライズ化は
なぜ必要か

▼

あらゆる業界で進む「個」の時代

21世紀は「個」が主役の時代だ。先進国では嗜好が細分化し、かつてのようにマスを念頭に置いたマーケティングは通用しにくくなった。様々な社会生活の場面においても「個」の存在感が増している。

「個性を尊重しよう」「多様性を受け入れる姿勢が大切だ」。そんな言葉が単なるスローガンではなく、実感をもって、ごく当たり前に唱えられるようになった。

一人ひとりの人間のありようを理解し、あるがままに認める。「個の時代」を生きていく私たちには、こうした思考と態度が欠かせなくなっている。

だが、言うは易し。あなたの頭の中は、本当に「個の時代」にキャッチアップできているだろうか。経営の現場は、あらゆる物事の決定権者として力を増す「個」の存在を直視しているだろうか。

様々な業界を例に挙げて考えてみよう。まずはメディアだ。

新聞・テレビ・雑誌といった大手メディアは、僕に言わせれば　もう、時代の流れに取り残されてしまっている。かつてメディアの役割といえば、「みんなが知っていなければならない情報」を提供することが第一で、それが強みだった。

　ところが今は、一人ひとりが知りたいと思う情報が細分化されてしまった。逆に言えば、「みんなが知っておきたい情報」の類いが少なくなってしまったんだ。

　一方、インターネットの普及で情報を取得する手段の選択肢は広がった。一人ひとりが、自分が欲しい情報に容易に接することができるようになったわけだ。

　つまりは、情報の「パーソナライズ化」が進行したのだ。

　加えて今では、情報の受け手自身がメディアとなって、発信もするようになった。これなんか、究極の「個」に由来する情報だな。

　情報の伝達手段が飛躍的に進化したネット時代になって、情報を取得したいという欲求も加速度的に膨らんだけれど、ここでやりとりされる情報の中身を見れば、はなはだしく多様化、細分化されている。

　それなら大手メディアも受け手に合わせて情報提供のパーソナライズ化に取り組まなきゃいけないのに、思ったほど対策は進んでいない。時代に置いてけぼりをくらってしまっている。

　そりゃあ20年前にはとても想像できなかったこととはいえ、あまりにも対応が遅すぎるんじゃないか。

コンテンツもラーメンも、パーソナライズへ

音楽の世界では1999年、革命的な事件が起きた。

アメリカのナップスターがネットを通じた音楽ソフトの提供を始めた時だ。以降、音楽は一気にストリーミング（Streaming）の時代に突入した。

それまでのカセットテープやCDといったパッケージビジネスからデータビジネスへと事業構造が大転換したのだ。

そこにいち早く対応したのがアップルで、ものすごく小さなデバイスに、家にあるレコードやCD何百枚分もの曲をネットから取り込んで、好きなように組み合わせて聴けるようにした。音楽のパーソナライズ化が本格的に始まって、業界地図は激変した。

映画も同様で、今ではアマゾンもNetflix（ネットフリックス）も膨大なコンテンツの量で勝負している。顧客はそこから自分が欲しいものだけを選び出す。

個々人が興味を持ち、求めているものを、それぞれの人に合わせて提供できる「パーソナライズ化の優等生」だけが、個の時代に順応し、存在感を高めて成長できるのが現代の趨勢だ。

そんな配信サービスも多様化して、簡素な個人配信も含めてどんどん巨大化している。

パーソナライズ化が成長のカギを握るのは、なにもニュースや音楽といったコンテンツの世界だけではない。

身近なところでいえば、ラーメンはすごくいい教材だと思う。ラーメンはパーソナライズ化の塊だ。麺硬め、量多め、味濃いめ、背脂・野菜マシマシ……。さらには麺の縮れ方、スープ、のせる具材、盛り方と、あらゆるものをパーソナライズ化できる。

　店作りやサービスをみても、1人用の半個室があれば、定額食べ放題のサブスクリプションもありと、バリエーションが豊富だ。

働き方のパーソナライズ化を進めよう

　<u>企業という、多数の人間が集まる組織においても、パーソナライズ化への対応は避けて通れなくなっている。</u>

　社員一人ひとりの個性を把握して、それぞれがやりがいをもって働きやすいフレームワークを整えなければ、イノベーションなど起こるべくもない。経営陣が昔ながらの組織論にしがみついて、過去の成功体験を複製して押しつけていたら、何の進歩も得られない。

　僕が経営者を前にそんなことを話すと、たいていの場合は異を唱えられてしまう。

　ある会社の社長は、「我が社には5000人もいるんだから、働く人の環境のパーソナライズ化なんてできない」と言う。「みんなが好きな時間に好きな仕事をするというの？　ジェフ、それはおかしいだろう？」だって。

じゃあ、やらなくていいよ。僕が求めているのは、そんなことじゃない。

　できない、と言ったらそれまで。どんな規模の会社でも、どうしたらパーソナライズ化ができるのか、それを考えることが重要なんだ。

　組織にいるのは5000人でも1500人でもいい。まずは従業員が仕事に携わる部門を分類していく。売り上げに直接貢献するタイプの職種もあれば、間接的に貢献するタイプの職種もあるだろう。給料の仕組みや査定の仕方をそれらに1つ1つひもづけていく。

　こういう作業を丁寧に進めて、公平にこう決まっているんだから、という、誰もが納得できる仕組みを作り、従業員に示す必要がある。

　イノベーションというと新しい商品だとかお金がもうかるものだとかを思い浮かべる人が多いけれど、商品やサービスとともに、今の環境を考えた時に必要なイノベーションは、サプライサイドにいる人を効率よく活用する運営の仕方だ。

　目減りしていく働く人というリソースをどううまく回していくのか。子供がいる人、家族を介護しなければいけない人、それぞれの人の事情を汲んだ働きやすい環境を提供していくこと、そんな働く人のパーソナライズ化、イノベーションを進めないといけない。

03

ラーメン進化形恐るべし

▼

そば屋でパスタを出したっていい

　企業文化と経営というのは、料理屋のレシピみたいなものだ。

　例えば、そばで成功した人がいる。そば屋でそばを作っているのだから、うどんの話は聞きたくない。パスタの話だって聞きたくない。そんな店主もいるだろう。

　だが、そう決めつけるのまったくのナンセンスと言えないか。

　もちろん、その道一筋を否定するわけじゃない。でも、嗜好が多様化しているなら、その店でうどんやパスタを出したら成功するかもしれない。そういう考え方だってありうるだろう。そう思わない？

　企業も従来からの文化に固執していると、環境の変化に柔軟に対応できなくなる。

　いつまでたっても同じレシピ。それでは客に飽きられて、いつの間にか時代に取り残されてしまう。

実際、そば屋の業界は激変している。新しいメニューがどんどん現れて、多くの消費者の興味を引いている。

　20年前には、オクラや納豆や山芋をぶっかけた「ねばねばそば」なんてなかったよね。邪道だとそしるお客や業界人もいるだろうが、そんなことを言われたっていいんだ。そば屋も工夫を重ねているんだから。

　過去の成功にすがって、もりそば一筋だったらウチはやっていけない、と店主が考えて、今までにない新メニューを売り出したのなら、その努力をリスペクトしたいな。

知識とスキルがアイデアを生む

　なぜ新しいアイデアをひねり出せるのか。

　それは鍛錬、つまり究める能力を身につけているからだ。その域に達するには、仕事に対する知識とスキルを積み上げるしかない。

　そば打ちの場合、気温や湿度の違いによって水やそば粉の配合具合や打ち方が変わってくる。これを感覚でこなす人もいるだろう。いわゆる「経験と勘」というやつだ。

　これを究めれば、周りから名人と呼ばれる域に達することになる。そして発想力と応用力を備えた人であれば、きっと新たな品目のアイデアをひねり出せるだろう。

　以前テレビで見たのだが、ある店で手打ちそばを作っているおやじさんは、一定の結果を担保するために、きちんとした数

値に基づいて、ものすごい数の麺棒を駆使して麺を打っている。くわしい内容は企業秘密だから明かせない、とのことだが、このおやじさんは鍛錬しているから工夫ができる。

工夫できるということは、何かを究めていることなんだ。

では、勘の優れた人でなければ、この域に達することはできないのだろうか。

いや、そんなことはない。そば打ちならば、外的条件の変化や素材の配合などは、データに置き換えることができる。すると、たとえ感覚を究めた名人でなくとも、その数字の解析の仕方で新しいアイデアを生み出せるようになる。

ここで1つ疑問が浮かんでくる。そば作りのプロセスは数値化できるけれど、そば屋がお客さんに喜んでもらえたかどうか、そのCX（顧客体験）を数字で示すのは難しいのではないか。人の心の中は数値化できるのだろうか、と。

できる。喜んでもらえたかどうかは、お客様の期待値に沿ったかどうかで示されるからだ。

例えば、そばを食べた100人の客に感想を聞いて、30人が「おいしかった」と答えたとする。ただし100人全員が答えてくれるとは限らない。回答者は40人だけのこともある。ならば40人のうちの30人、75％の人がおいしいと感じている、と考えればいい。

では、残りの10人はどんな感想を持ったのか。塩味が強い、

量が少ない。いろいろな意見が見えてくる。なるほど。じゃあ、もっとたくさんデータを集めてみよう——。

　これが積み重なって、ビッグデータになっていく。そして、このデータの解析の結果、1人でも多くのお客様のCXを高めるために、3種類の量のそばを用意してみよう、という結論が導き出されるかもしれない。

イノベーションの方向性は1つではない

　再びラーメンの業界を例に挙げて考えてみよう。

　2000年代に入ってから、昔はなかったようなメニューが次々と市場にあふれ出して、ラーメン文化は爆発した。

　50年前のラーメンといったらしょうゆと味噌、塩があったくらい。でも当時は今のように嗜好が細分化されていなかったから、それでも良かったんだ。

　ところが、消費者の嗜好は激変した。そしてそれに応じて売り手も工夫に工夫を重ね、業界が様変わりした。新しいお客様を獲得できたのは、様々な形でメニューのイノベーションを果たしてきた者たちだ。

　そもそもマーケットはどうやって拡大していくと思っている？

　当然、お客様が欲しいものを提供する努力の積み重ねがマーケットをデカくする、という考え方がある。でも、僕は必ずしも

そうではないと思っている。

　お客様のほとんどは、何が欲しいかわかっていない。
　**だから、新しい価値を提供して、それを求めさせる、認識し
てもらう、という発想が重要だ。価値創造のイノベーション、
と言ってもいいだろう。**

　今日、ラーメンはグローバルな食べ物となり、パリやニュー
ヨークの一等地に店を構えている。パリジェンヌやニューヨー
カーが予約して、おしゃれをして食べに行くレストランなん
だ。それが価値創造のイノベーションだ。

　ラーメンブームと言われて久しいが、年に1000店がオープ
ンしても生き残るのは1割程度。たとえスキルを磨き、鍛錬して
作った自分の味が人気になったとしても、たいがいは2年で飽
きられる、という現実もある。

　だから、常に何かを変えていかないといけない。

　ここで強調したいのは、誰しもが味を突き詰めなくちゃいけ
ない、という話ではないことだ。
　イノベーションのベクトルはいくらでもある。

　例えば、大量にスープを作る工場とセントラルキッチンを活
用して、均質な味と低価格で成功しているラーメンチェーン、
「ラーメンショップ」がある。赤い看板が目印の略称「ラーショ」
だ。これは求められる期待を裏切らない、バランスをとるブラ
ンディングといえるだろう。

　商売は店で食べさせるだけじゃない。のれんの名を冠したカ

ップ麺を出す店だってある。そうやってマーケットをじわりじわりと広げていくんだ。

コンビニエンスストアでは最近、チルドタイプの有名店のラーメンがいくつも売られるようになった。これはチルド技術が高い日本ならではの現象だ。ラーメンのイノベーションは、こんなテクノロジーで成り立っている部分もある。

そして、テクノロジー活用の裏側には、必ず市場の変化をとらえた数字がある。

財力がないからイノベーションなんて無理だ、なんて言わないでくれ。それが本当だったら、ラーメン屋の話が成り立たないよ。

金のあるラーメン屋以外は新しいメニューができないの？

そんなことはない。ラーメン屋のイノベーションは味を追求しながらスキルを上げてきたおやじさんの発想と数字、応用力で成り立っているんだ。

04

「僕はアマゾンプライムに入っていない」で議論白熱

▼

生活様式の変化はビジネスチャンス

　ワークライフバランスって何だろう？　仕事と趣味の時間を7対3にすること？　どうにかやりくりして、仕事の時間の一部を日常生活に振り向けるということ？

　ワークライフバランスっていう言葉にはなにか、仕事を「させられている」人のイメージがつきまとう。仕事に追われ、日々疲弊している人に向けた、いたわりの言葉のような気がするんだ。
　僕にとっては、ワークライフバランスは意味のない言葉だ。人生と仕事を分ける必要ってあるのだろうか。昔から僕にはライフしかないよ。

　仕事の時間とオフタイムがくっきりと分かれていた昔と違って、近年はオンオフの境目が徐々に薄れ、その流れがコロナ禍によって決定的になった。働く場所や服装が地続きになり、自宅でも仕事をする機会が増え、生活との境界線がかなりあいまいになった。

人々のライフスタイルが揺れ動いている今こそが、格好のビジネスチャンス。新しいニーズは生活様式の変化から次々と生まれ出てくるものだからね。

そのニーズを敏感にとらえた先に、イノベーションの手掛かりが見つかるはずだ。

アマゾンプライムにメリットを感じなかった理由

アマゾンはCX（Customer Experience＝顧客体験）を重視する、お客様第一主義の会社だ。サービスは徹底的に改良する。データを駆使してニーズの変化を感じ取り、キレ者の技術者がCXを向上させる手立てをめぐって日夜ああだこうだとやっている。

ところが、こんな奮闘を続ける現場とはかけ離れた場所でも、ちょくちょくCX向上のヒントを掘り当てることがある。

それが、幹部会議だ。

アマゾンの最大のヘビーユーザーは誰か？　それは社員だ。

世界中にいるあまたの社員はアマゾンのサービスにとって、最も厳しい評価を下すユーザーでもある。自分が満足できないこと、都合の悪いことが見つかれば容赦なく意見を上げてくる。

世界中のアマゾンの幹部も同じだ。もちろん、最大の客は創業者であるジェフ・ベゾスであることは言うまでもないのだけ

れど。

　2005年、アマゾンが有料会員制プログラムであるプライム会員をアメリカでスタートさせた。日本で立ち上げたのは2007年。プライム会員になると当日配送や有料でのビデオ配信といったサービスを利用できるようになる。
　ところが僕は、日本でスタートしてもすぐには入会しなかった。
　シアトルのアマゾン本社で、全世界・地域のオペレーションチームの副社長、事業本部長クラスが50人ほど集まった幹部会の席で、ある幹部が「もうみんな、プライム会員だよね」と問いかけた。
　僕が「いや、まだなってないよ」と答えたら、「ええっ？」とどよめきが起こった。

　ある幹部が「ジェフ、日本のオペレーションのトップであるキミがプライム会員じゃないなんて……。それは問題だ」とこっぴどく批判したから、僕も負けずにこう答えた。
　「個人の生活に口を出すのはやめてくれないかな。フォードに勤めていたら、車はフォードしか乗らないの？　トヨタにも乗ってみてはじめて、フォードに足りないものが見えてくるんじゃないの？」

　それから僕は、なぜアマゾンプライムにメリットを感じていないのか、その理由を説明した。どの国や地域と比較しても、日

本の配送は圧倒的に早いし、東京に住んでいるからそう不便はない。だから僕は当日配送をうたうことのメリットを感じなかった。

しかも注文金額が一定額を超えたら各社とも配送料はタダになるから、僕は日本で配送料をほぼ払っていない。こんな状況で、わざわざアマゾンに追加でお金を払う必要はないよね、と。

加えて、アマゾンのプライム会員のためのビッグセールであるプライムデーについても意見した。これは元々、クリスマス商戦の出荷数があまりにも突出していたため、年間でもう少し盛り上がる時期を別に作ろうと本社が考え、大成功した企画だ。

けれども僕は「別に欲しいものもないし」などとつれない感想を披露した。

そうしたら幹部会の議論が沸騰したんだ。自社の幹部が納得できるサービスじゃないのは問題だ、あらゆる消費者に刺さる良いサービスって何なんだ、ってね。

アマゾンでは成功しているサービスについても、異論を唱える「変わった」幹部が1人でもいたら、その何倍も何十倍も、同じことを感じているお客様がいるかもしれない、ととらえる。それで、「おまえがプライム会員になりたくなるようなサービスを考えてくれ」と言われた。

幹部たちは会議の都度、自分自身の顧客体験と照らし合わせながら業績を検証する。

こんな具合に、価値を生む仕組みに幹部を含めた全社員がど

んどん参加していくところがアマゾンの強みだ。

　日本の身内にはボスが余計なことを言うから仕事が増えた、と叱られたけどね。

イノベーションは、小さなところから始まる

　日本に戻ったら、この会議の顛末が販売を担当するチームの耳にも入っていて「何でシアトルで、わざわざ、プライム会員じゃないなんて言ったんですか」と責められた。でも、よくよく聞いてみたら、プライム会員になっていない社員がちらほらいることもわかってきた。

　ほらね。じゃあ、どうしたらプライム会員の魅力が増すんだろうね、と話し合うようになった。

　結論から言うと、映画やテレビ番組の定額制ストリーミングとレンタルサービスを提供するプライムビデオがローンチしたのをきっかけとして、僕もプライム会員になった。

　それまでも幹部会で僕はよくTSUTAYAに行く話やジェイコムなどの配信サービスの話をしていた。コンテンツの充実がサービスの魅力を格段に上げることを感じていたからだ。

　実際にプライムビデオは各エリアのコンテンツチームがコンテンツ集めに力を入れ、その結果としてアマゾンはどこよりも配信マーケットをデカくしていった。

　後日の幹部会で、ようやく僕が会員になったことを話した

ら、「オー・マイ・ゴッド！　ジェフがプライム会員になったらしいぜ」「やっとかよ」と方々から盛大に茶化された。

　「どうして会員になったの？」と聞かれたので、こう答えた。「日本のTSUTAYAとは比べものにならないくらい古い映画がそろっている。子供時代に見た懐かしいコンテンツが、自分にとっては、ものすごくうれしかったんだ」とね。事実、アマゾンプライムでは古い映像の再生回数がものすごく多いんだ。

　アマゾンでは幹部同士が集まった時に、今日はキミ、お客様に何をしたの？　お客様のために何を思いついた？　と普通に話す。

　「返品の仕方が面倒くさいよね。かみさんに文句を言われてさ」「言えてる、言えてる。サイトがわかりにくいよね」と会話がどんどん膨らんでくる。

　そのうち、配送ラベルに記載されている情報や箱の開け方に話が及んで、「QRコードがあるんだから不要な情報は省こう」「箱が開けにくいよな。ミシン目を付けて開けやすくしようよ」といって新しい仕組みや考え方がその場で生まれていく。

　これ、立派なイノベーションなんだ。
　イノベーションとは「ワオ！」みたいに、今まで経験したことがないものが突如生まれてくるものだと思っているなら、それは間違い。
　今あるサービスや商品の何か1つの機能が便利になったり、ちょっとした無駄が省けたりすれば、それは立派な進化であ

り、イノベーションだ。そして、その累積が新しい発明につながることがある。

ライト兄弟は最初、たかだか30メートルの飛行に成功しただけだった。だが、より遠くに飛ぼうと地道に実験を重ね、そこからエンジンの小型化や素材の開発につながっていった。

アマゾンの幹部たちのように、10人がいれば10の視点がある。それぞれの視点から見つかった1つ1つの改善項目や修正点も、積もり積もれば消費者にとっては大きな利便を生む。

普段から、小さな不便や欠落に気づく視点を持とう、と心がけている人は、それだけで会社に大きな貢献ができるんだ。

イノベーションに大切なことは、何かを変えることを肯定するマインドだ。そして、変えたことに満足しないことも重要といえる。

満足は最大の悪だ。自社の製品やサービスを使って、使って、使い倒す。ヘビーユーザーになって、競合する製品やサービスと比べながら検証する。

「そんなこと、うちの会社だってやっているよ」と、おそらく多くの企業が答えるだろう。

本当に？　使うだけではだめだ。視点が肝心だ。

05

チェンジ・オブセッションで
ガラケーから脱皮

▼

日本が犯してきたミス

バブル崩壊以降、日本は低成長時代が続いている。

GDP（Gross Domestic Product＝国内総生産）に基づいた日本の実質経済成長率（2021年）は1.7％。イギリス、フランス、アメリカに大きく後れを取る。

名目GDPこそ世界3位（2021年）だが、1人当たりGDPは30位（2020年）とそう高くない。

さらに2020年の日本の平均賃金はOECD（経済協力開発機構）加盟国中22位で、30年間で4.4％増とほぼ横ばい。アメリカの同期間の伸び率が47.4％増であったことに比べれば、あまりにも低水準であることがわかる。

日本はこの30年もの間、新たな付加価値をユーザーに提供する革新的な製品やサービスをほとんど生み出すことができなかった。

言い古された事例を挙げれば、iPhone（アイフォーン）のような携帯端末がそうであり、グーグルに代表されるネットサービ

スがそうだ。電気自動車も海外勢に先行された。

　1980年代に世界を席巻した半導体は、漫然と構えるうちに投資競争に後れを取り、あっという間に海外勢のはるか後方に退いてしまった。先ごろ、次世代半導体の国産化を目指す新会社が立ち上がったが、進化の速い業界で長年の後れを取り戻すのは容易ではない。

　僕は、戦後様々なイノベーションを起こしてきた日本が、この30年間においてはいくつものミスを犯し、成長の芽をむざむざ見逃してきたと思えてならない。

　例えば今挙げたiPhoneが最たるものだ。

　ウォークマンを生み出したソニーの技術でiPhoneのハードを組み立てられないわけはない。当時の欧米の携帯電話なんて、日本に比べたら使い勝手がひどく悪かった。

　ところが、その、ガラケーを究めること、ガラケーのディテールに対するオブセッションは持っていても、新たなお客様の使い勝手を考えるパッションはなかったんだ。

　イノベーションにも会社を動かすのと同様、オブセッションとパッションが必要だ。

　たとえガラケーにこだわっていても、そこからさらにお客様のCX（顧客体験）を追求していけば、おのずとお客様が求める利便性を探り出し、革新の方向性を見つけられたはずだ。

　スクリーンは大きな方がいい、タッチ方式で動かせると便利、アプリで様々なことができれば用途が広がる……。そう考

えているうちに、iPhoneのようなスマートフォンを発案できたかもしれない。

　ところが日本のメーカーは機能を磨き上げた携帯電話にとらわれすぎて、思考を過去の成功体験から解放できなかった。

　決済ではどうか。韓国からの「輸入品」であるLINE（現在はZホールディングス傘下）が爆発的に普及した。スマホ・ケータイ所有者のうち、すでにLINE利用率は8割を超えているという。

　Z世代（1990年代半ば〜2000年代生まれ）と言われる若者の間では電子決済サービスのLINE Payの利用も増え、自分の口座情報を使ってお金のやり取りをしている。

　じゃあ、どうして同じことがmixi（ミクシィ）にできなかったのだろう。

　僕が子供のころ、電車のきっぷの改札業務は、駅員さんの仕事だった。人間がものすごい正確さで、リズミカルに改札鋏を操っていた。

　その後、自動改札機が登場した。さらにICカード乗車券のSuicaが導入された。ここまでは順調に進化を遂げてきた。

　けれどもSuicaは交通系ICカードの機能にとどまり、paypayのようなQRコード決済サービスにまで進化することはなかった。

「チェンジ・オブセッション」の心構えを

変化のスピードが速い今の世の中でイノベーションを起こすには、「チェンジ・オブセッション」の心構え、つまり変化の芽を逃すまいと細心の注意を払う姿勢がとても重要だ。

<u>変化はすでに目の前で起こっている。だが、既成概念にとらわれていると、それに気づかず、変化の波をとらえることはできない。</u>

もともと日本人の頭の中には、イノベーションの芽がたくさん育まれているはずだ。

1990年代、日本各地にモールと呼ばれるショッピングセンターができた。その時、来店客の人気を集めたのが飲食施設のフードコートだ。

フードコートは1980年代のアメリカで誕生したイートインスペースで、多種多様な飲食店が取り囲み、一人ひとりが好きなメニューを選んで食べることができる。日本はそのフードコートをアメリカから輸入した。

ところが、それよりもっと前の1960年ごろに、日本にはバラエティ豊かなフードコートがすでに存在していた。デパートの大食堂がそれだ。和洋中の料理、軽食、デザートとメニューを豊富にそろえ、家族それぞれが好きな食べ物を注文できた。

フードコートに先立つすばらしい大食堂を発明したのは日本人なんだ。

**イノベーションはパッと電球がつくように突然生み出される
ものだと思っていたら、それは大きな誤解だ。**

　イノベーションはそれまで地道に積み重ねてきた様々な経験
と疑問が、ある日1つにつながって、あっ！とひらめくようなも
のなんだ。だから想像力と思考を巡らせながら、ひたすら答え
を探し続けていかなきゃいけない。

　日本人は確立した技術や製品を磨き上げ、究めていくことは
得意だが、こうしたまったく新しい答えを探していくことはど
うも苦手のようだ。

　このプロセスがなじまないのは、もしかすると日本の教育に
原因があるのかもしれない。学校教育は多くの場合、間違った
答えがない、という暗記教育が中心に据えられていたからね。

　日本の製造業、特に自動車などは最たるものだけど、確かに
品質は極めて高い。じゃあ、なぜ高品質なのかというと、それは
品質に対するオブセッションがものすごく大きいからだ。

　日本の製造業には、品質管理の4Mと呼ばれる定義が広く浸
透している。それはMAN（人）、MACHINE（機械）、MATERIAL
（材料）、METHOD（方法）の4つだ。ちなみに僕はそこに
MONEY（金）を入れて5Mにする。

　この4Mは不良品やトラブルが発生した時に、一体どこにそ
の原因があるのかを絞り込んでいって、適切な対策をとるため
の基本的な視点を示している。

　こうした品質に対するオブセッションを背景に、日本人は工

程図や工程時間管理を導入するなど、実に様々な仕組みを作ってきた。それだけの能力を、もっとほかの局面で生かせなかったのか、とつくづく思う。

　だが結局、日本人のオブセッションは、革新的プロダクトの発見・開発という方向性には生かされずに終わってしまったようだ。

　すばらしい製品ができたからといって、そこに満足していてはいけない。

　「チェンジ・オブセッション」の本意は現状否定なんだよ。

　現状を変えねばならないから、変化の芽をとらえようと血眼になるわけだ。

　そしてチェンジ・オブセッションを我が物として試行錯誤を繰り返しているうちに、初めてインベンション、すなわち発明が生まれるのだと思う。

3章

章

リーダーは
導く人

OBSESSION
こだわり抜く力

01

リーダーの褒め方

▼

論理的に人を動かせ

　企業のリーダーたる経営者は、その企業を成長させるために KPI（Key Performance Indicator＝重要業績評価指標）が示す数字を日々管理しなければならない。

　ただし、数字をマネージするだけなら、それはリーダーとは言えない。マネジャーだ。

　毎週のミーティングでKPIを確認すれば、仕事の進捗状況は把握できる。だが、数字の達成に向かってexecute（実行）するのはあくまで「人」だ。

　リーダーには論理的な数字を管理しながら、非論理的な存在である「人」を動かし、実行させる能力が求められる。常にリーダーは、導く人、でなければならない。

　この本のタイトルはオブセッション（obsession＝こだわり）だ。

　アマゾンジャパンで僕はいつも、CX（customer Experience＝カスタマー・エクスペリエンス＝顧客体験価値）やImproved Efficiency（効率の向上）といった、様々な数字の細かいディテ

ールまで精査し、その整合性を確認する作業へのオブセッションを深めながら、事業を回し続けるうえでのパッション（passion＝情熱）を強く意識して仕事をしていた。人を動かすにはパッションが必要だからだ。

リーダーはオブセッションとパッション、その2つがバランス良く機能していないといけない。

アマゾンには世界共通の、14項目から成るリーダーとしての信条、「OLP（Our Leadership Principles）」というものがある。仕事に携わる誰もがリーダーだ、という考え方に基づき、「Customer Obsession（顧客起点の行動）」「Think Big（大胆な視野）」「Dive Deep（深い現状確認）」などを実行せよ、と記されている。リーダー教育の基本的な概念だ。

だが、実際このOLPを心底身につけようと考えている社員は一部にすぎず、自分なりに解釈する程度で終わってしまう。人の教育は一義的に人事部門が担っているが、リーダー教育は常に難しい課題だった。

承認欲求と「妬み」に付き合う

リーダーに問われる資質は多岐にわたる。まずは「褒める」こと。

人には妬み、怒り、悲しみ、の3つの感情が渦巻いている。困ったことに、誰しも承認欲求が強い。リーダーがメンバーを「よくやったね」「グッジョブ！」と褒めるのは簡単だけど、人の感

情は複雑だから、褒め方によっては周りの妬みを生んでしまう。

そこでKPI、つまり数字の存在が重要になってくる。

人を褒める時は、誰も否定できない具体的な数字の裏付けが必要になってくる。

どう褒めたらよいのか。キミのチームは先月、これだけの数字を上げた。みんなが協力してくれたおかげだけど、どんなやり方で協力し合ったのか話してみて、と持ちかける。まず、関係者を再確認できるステージを作ってあげるんだ。

そうするとチーム全体がうれしさを共有することになる。周りの者はその数字を否定できないから、どうやって数字を上げていくんだろう、とそのチームの方法論を学ぼうとする。

それでも妬みは生まれる。だから集団の心理的な健康には常に気を配らなきゃいけない。

それには誰もが納得できる具体的な数字を褒める姿勢に徹することだ。KPIという数字がないと、通り一遍の声かけに終わってしまう。

難しいのが、リーダー自身にも承認欲求があるということだ。

これにこだわると、自分の言っていることが正しい、自分の論理が正しい、自分のものの見方が正しい、と自信過剰のよろいをまとい、唯我独尊の殿様になってしまう。

英国の歴史家、ジョン・アクトンの言葉「absolute power

corrupts absolutely（絶対的な権力は絶対的に腐敗する）」のように、権力というものはそれを握れば握るほど、組織がデカくなればなるほど、慢心のワナに陥りやすくなる。

　僕は誰かを昇格させてリーダーとしての権限を与えたら、その人物の立ち居振る舞いを観察することにしていた。

　チームの中で急に威張り始めていないか。対処すべき問題があるのに誰かのせいにして責任を押しつけていないか。僕は必ずそのチームの中に首を突っこんで、仕事の進み具合や空気感を確認することにしていた。

　組織に所属するメンバーは、誰だってリーダーに愛されているという自信が欲しい。だからリーダーが1人だけを愛しているんじゃなくて、みんなの幸せを考えている、という態度を示してほしいと思っている。

　こうしたメンバーの、口には出さない欲求を敏感に察知する感性がリーダーには求められる。

　KPIなどの数字を念頭に置いて組織を管理・運営する姿勢はもちろん重要だが、組織の精神状態、心理状態までをも把握していなければいけないということだ。

リーダーを育てるのは難しい

　パッションがないリーダーは、何よりもまず、自分に責任が課された数字を伸ばさなければいけない、という偏ったオブセッションで突き進み、組織全体の士気を高める努力をしない。平気でサービス残業させ、パワハラやセクハラが生まれやすく

なる。

　そんなトラブルはないにこしたことはない。それでも起こってしまった時、すべてを人事部任せにするなんていうのは、最もやってはいけないことだ。

　アマゾンジャパンでも人事部と議論を重ねたが、つまるところリーダーを育成することは極めて難しい、という結論に達した。しかも残念なことに、リーダーになりたがらない人が多い。

　それは日本の教育にも原因があると思っている。日本人は学校教育で「目立つな」という教育を受けてきていることが多いからだ。

　現在、リーダーとしての活躍が求められる職種に就いている多くの人は、先に述べた数字を管理するだけのマネジャー止まりだ。

　僕はなにもすべてのリーダーが、期待されていることの100％をこなせなければいけない、とは思わない。最初は60％でも40％でもいいんだ。

　僕の場合は、これらのリーダーたちを能力別にランク分けし、適性と思われるチームに振り分けていた。彼らは数字に対するオブセッションはすでに持ち合わせているのだから、与えられた場所で自分なりにパッションを発散させ、メンバーを引っ張るスキルを少しずつ磨き、成長していけばいいと思っている。

　ジンギスカンやアレクサンダー大王の時代から、王の下に属

している者たちは皆、人を引っ張る力を備えた人々、つまり一人ひとりが優れたリーダーだったのだと思う。

　歴史に残る大将軍自身は、時には残虐であったかもしれないけれど、当然ながら組織を牽引（けんいん）する資質は、他の誰よりも優れていたのだろう。

　最近、フラットな組織、などという概念がもてはやされているが、僕はその状況を危惧している。もしフラットになってしまったら、上下関係に基づくリーダーの命令系統は成り立たない。

　自律的なリーダーたちを階層的に配置し、それぞれがオブセッションとパッションをもって人を統率していく組織こそが、道なき道を切り開いていけるのではないだろうか。

02

仲間の成功と幸せを
望んでいるか

▼

リーダーの「最も大切な条件」とは?

リーダーの育成を目的に、実に数多くの会社が教育プログラムを整えている。

日数のかかる研修コースを設け、外部の専門機関の協力を仰ぎ、研修所に社員を集めた勉強会も開催する。決して少なくない金と時間をかけ、経営陣は若手社員のスキルアップに期待をかけ、社員は自らの成長に望みをかける。

プログラムを用意する側も、受ける側も、本来的にはその効果を信じ、極めて素直な気持ちで取り組んではいるのだろう。僕もそう信じたい。

だが、残念ながらその実態は、「学ぶ」というよりもプログラムの「消化」にとどまってしまってはいないだろうか。

実は僕も過去、いくつかの教育プログラムを受けてみたことがある。しかし、どうも「実になる」という内容とは思えなかった。一緒に受けた者についても、身についたか、というとはなはだ疑問だ。

こう言っては身も蓋もないが、多くのリーダー育成教育は、

「通り一遍」の感を拭えない。用意した会社側の「やっている感」と、社員の「こなした感」を満足させているだけではないのか。

そんなプログラムだけではない、ということを信じたいのだが。まあ、少なくとも合宿かなんかで、若手社員が同じ時間と空間を共有し、飲み会なんかもやって、お互いの人間性を知る程度にはいい機会だろう。

どんなプログラムでも、少なくともリーダーに必要な心構えや、リーダーに求められる資質、といったキーポイントの提示ぐらいはできる。問題は、その資質をいかに自分の中で涵養できるかなのだが。

では、リーダーになるために最も大事な条件は何だろう。

仕事ができる？　頭が良い？　知識がある？　いろいろな条件が挙げられる。

いずれも無視はできず、そのどれに重きを置くかは人によって千差万別のはずだ。

そもそもリーダーは、当然のことながら一定の人数の集団があって、初めて必要となる存在だ。1人だけでも、2人でも別にリーダーはいらない。相当数の集団ができると、その中からリーダーが生まれる。

じゃあ、何十人、何百人を率いるリーダーの神髄とは何だろうか。

僕なりの答えを言おう。

最大の条件は、「自分の周りにいる人の成功と幸せを望むこと」だと確信している。

　例えるならば、それは結婚と同じことだ。
　誰だって、大好きな人がいるから結婚しようと考える。不幸せになりたくて結婚する人はいないだろう。この人とだったら幸せになれる。そして、この人を幸せにしたい。そう思うはずだ。

結婚におけるKPIとは？

　この項で僕は、リーダーはオブセッション（obsession＝こだわり）とパッション（passion＝情熱）、その２つがバランス良く機能していないといけないと言った。KPIの数字のディテールを精査・確認しながら、人を動かすパッションを意識することが大事なのだ、と。
　ここまで言えば、結婚においてもオブセッションとパッションが必要だということがわかるだろう。
　現実の問題、パッションだけでは成り立たない部分は大きい。暮らしを立てていかねばならないのだから。

　じゃあ、結婚におけるKPIを考えてみよう。
　今、僕にはこれだけの仕事のスキルがある。これだけの所得があって、貯金はこれだけある。一軒家を買うための頭金があり、年に何回かは旅行ができる——。

そんなKPIのディテールまで披露すれば、相手は大いに安心するかもしれない。でも、幸せになるかどうかは別だよね。

数字のロジックが完璧だったとしても、人間とはイロジカル（非論理的）な生き物だから、共感と同調がなければ信頼感は深まらず、どこまでも行動を共にしようとは思わないものだ。

結婚の場合は「愛情」と表現されるものに当たるのだろうけど、やはり人と人を強く結びつけるのは、論理を超えた情緒的なものに帰結する。KPIの内容をきちんとオーグメント（augment＝増補、増強）するのはパッションにほかならない。

人間関係には両方が必要なんだよ。

自分の周りにいる人の成功と幸せを実現するには、エンカレッジ（encourage＝勇気づける、励みになる）する振る舞いも欠かせない。

結婚したカップルの場合なら、顔を見たら「今日もかわいいね」と褒める。

朝、珈琲を淹れてくれたら「ありがとう」と感謝する。

宴会があるなら「今日は遅くなるよ」と伝える。

そんなシンプルな言葉だけで相手は笑顔になり、安心してくれる。たったこれだけの手間で、誰も損をすることはない。ささいな声かけの効用は、夫婦でも会社でも、どこでも通用する。

身近な仲間を大切にする、ということ

リーダーだったら常に自分の周りにいる人の成功と幸せを考えて行動してほしい。僕はアマゾンジャパンの会議でも、その大切さを身をもって示してきた。

月例会議に出ていた時のことだ。KPIが悪くて目標達成ができない、とあるマネジャーが説明した。どうしてできなかったの？　と聞くと、実はいろいろ大変なことが重なって、と言い訳が始まった。

そこで僕は、自分の言葉で言ってごらん、と促した。すると今度は、メンバーが足りなかったとか、この部分の能力がなかったとか、具体的な弁解が続いた。「OK、OK」。そう言って僕は遮った。

まずチームのリーダーには、こう諭した。

「どうしてそんなに苦労するまで報告しなかったの？　思い詰める前にもっと早く言いなよ」

別のメンバーにはこう言った。

「キミたちはなぜリーダーを助けないの？　リーダーがこの数字を持っていることは、皆わかっていたよね。毎月のミーティングで、この数字が開示されることも知っているだろう。ということは、彼の苦労を皆が共有していたわけだ。じゃあ、何で早く助けないの？　キミたちの同志だぜ」

一方で、リーダーが数字を独占することは絶対に認めなかった。方法論の独占も禁止した。

　チームで数字を背負っているのなら、みんなで一緒に数字を組み立てろよ、と。

　僕は部下全員の仕事や結果の内容をきちんと公平に見たつもりだ。僕の勘や感情を排して、KPIで把握した。

　公平というのはオープンであることだ。だから、部下たちには、自分の成功はみんなでどんどん共有すること、失敗も必ず共有すること、答えは必ずあるはずだ、と教えてきた。

　強調しておきたいのだが、失敗を叱らない、ということも、リーダーがとるべき行動の大事なこと。

　僕はいつも、部下がミスをすることを認める勇気を持て、これがチームみんなの勉強になるんだから、と話してきた。失敗例に潜む、学ぶチャンスの芽を摘んではいけない。失敗を褒める、失敗してくれてありがとう、くらいの気持ちでいることだ。

　そのうちに部下たちは、僕が、思いやりでチームがつながっていないと知るや激怒することも知った。

　だから、チームの誰かの具合が悪くなったり、親の心配事が起こったりすると、「休め休め、僕たちがなんとかするよ」とフォローする雰囲気が当たり前のように育まれた。日曜日に子供の運動会に出る社員がいて、人が足りないという時に、「いいよ、代わりに出るから」と僕が出勤したことも少なくない。

　職場の仲間の家族も仲間だ。働くお父さん、お母さんは家族が支えてくれていることを、リーダーは忘れてはいけない。

実のところ、家族を味方につけておくと、お父さんの残業も
お母さんの突然の出張もオールOKとなる。

　家族が会社を支えてくれるんだ。子供の参観日、どんどん行
っていい。キミの使命は会社のために仕事をすることだけど、
キミの存在は家族のためにあるんだから。そこは勘違いしない
でほしい。

　リーダーも、仲間の身近な存在の大切さを、常に我が事のよ
うに意識しなきゃいけない。

03

TikTokと映画で
コミュニケーション

▼

リーダーは、相手の立場を考える人

　僕がこれまでに、どんな人をリーダーに選んできたのかを話
そう。

　この人はやれるな、と直感する人に共通している資質とは何
か。
　**僕が重視しているのは、会話やミーティングにおいて話の
「受け手」、つまりお客様や部下の視点で物事を話せるかどうか
だ。**
　それも自分の思い込みで話すのではなく、なぜ受け手がそう
思っているのか、を客観的に説明できる人だ。会社のリーダー
ならば、基本的に働く人の負担を減らすことを考えながら主義
主張をする人でなければならない。
　そして、リーダーになりたい、と言わない人を僕はリーダー
にする。なぜなら、リーダーになりたい、という人は、たいてい
自己承認欲求が先に立ち、何かを意見するのに先だって、「受け
手」をじっくり観察しようとしないからだ。

要するに、どんな局面でも相手の立場を考えられない人は、観察力や想像力に欠け、リーダーには向かない。そして、相手の立場を理解するためにも、常日ごろのコミュニケーションが欠かせないのは自明の理といえる。

「若者論」の不毛さ

最もわかりやすいのが、どんな時代でも関心を集める「若者論」だ。

今の世の中、「若い世代のモチベーションがなかなか上がらない」と悩む企業経営者は多い。顧みれば、かつて僕たちの世代だって「冷めている世代」と言われたものだ。だが、今の若者はそれ以上に冷めていると見られがちという。

もっとも、それは僕たち世代の価値観に照らし合わせて、そう感じられるだけなのだ。

若者は、我々が普段は関心を寄せないようなことに情熱を寄せ、思考を展開させる。そのことを理解しようともしないで、若い世代への不満を口にするのは、ある意味傲慢ともいえるんじゃないか。

若者が冷めた態度を我々の前で示すのは、もしかしたら、自分たちのことを理解しようともしない上の世代に対して、静かに異議申し立てをしているのかもしれない。

それとも諦めているのか。それならば若い世代も上の世代

も、お互いさま、ということになる。行き着くのは、世代間の対話の不在という、不毛な状況だ。

　意外に思われるかもしれないが、僕は男性でも女性でも、20代の知り合いがけっこう多い。大学生の知り合いからはしょっちゅうLINEのメッセージが届く。なぜか。僕が彼らの世代に関心を持っているからだ。

　以前、建設業の会社の人たちと銀座のクラブに飲みに行った時のことだ。年齢が思いっきり下のチーママやホステスさんに「僕はTikTokとかインスタとかよく見るよ。若い子が何を追いかけているのか興味あるんだよ」と言ったら、女の子がびっくりしていた。「ジェフさん、TikTok見るんですか？　マジ？　ウケる〜」なんて言う。

　「そりゃあ見るよ。はやっているダンスとかも踊れるよ」。そんな会話をしながら大いに盛り上がった。もちろん、僕がその子たちに話題を無理やり合わせたわけじゃない。じゃなきゃ話が続かないよ。

　最近は「（短尺の動画投稿）リール」への関心が高まっている。このYouTubeからの流れを見るといかに若い世代が視聴に時間をかけないかがわかる。

　一方、同席していたおじさんは僕にこんなことを言った。「よくそんなことに時間と手間を割きますね」——。

　感心したのか、呆れていたのかはわからない。でも僕はこう考える。せっかく年齢が2回りも3回りも下の世代と話す機会

があったなら、漫然と上から目線の話をしているだけじゃもったいない、と。それじゃあ若い世代の感性や思考を引き出すことなんてできやしない。

「コミュ障」なのは、リーダーの側

　最近の20〜30代はコミュニケーションが苦手、俗に言う「コミュ障」が多いと耳にする。そうなのかなぁ。僕はあまりそう思わないよ。

　ただ、経験が少ないとは思う。学校では議論したりせず、暗記中心に教育されている。目立つといじめのリスクを負うから、表アカウント、裏アカウントと使い分けている。自分たち同世代の中での存在を確立するために、すごい努力をしているのだと感じる。

　フェイスブックで始まった「いいね」は不特定多数からの承認を得られ、そこに"対人との関係"からくる義務も責任もない。いや、無視できるんだ。

　これを批判したって意味がない。すでにこのテクノロジーは根を下ろしている。

　コミュ障を克服しなければならないのはこちら側なのだ。

　クラブで同席していたおじさんは、リーダーに求められるコミュニケーションのポイントを理解していなかった。

　リーダーは周囲の人がどうしたら成功し、喜べるかを考えら

れる人だ。一緒に仕事をしている若者がどのような価値観を持ち、何に喜んで、どんなことがはやっているのかを知っていて損はない。

　部下の立場に立って考えられれば、彼らに刺さる話をすることができる。それが人格的な共感の端緒にもなる。

「共感できる」情報を提供する

　今度は銀座の別のクラブでの出来事だ。

　20代から30代前半のホステスさんたちと映画やアニメの話になった。ある女性が、ジェフさんはどんな映画が好きなんですか？　と聞いてきた。

　これはちょっと難しい。自分が好きな映画の話をするだけなら簡単だけど、一方通行の解説で終わらせたくはない。そこで彼女たちが今まで見てきた映画の情報と知識から、彼女たちが理解できる映画を想像してみた。

　まず僕が挙げたのは、いわゆるクラシックで有名な作品。見たらきっと面白いよ、という映画だ。

　『ローマの休日』はいいと思うよ」と水を向けたら、「見たことある。ヘップバーンってきれいですよね。他にいい映画はあります？」ときた。少し反応があったようだ。

　次に僕は、女性の心に訴えかけてくるような映画をいくつか選んで紹介してみた。グレース・ケリーの『裏窓』。サスペンス映画の傑作で、監督のヒッチコックが何よりも衣装にこだわっ

た映画とも言われている。銀座の女性たちをとらえる要素がちりばめられている。

　もう1つ、ソフィア・ローレンの『ふたりの女』。女性がどれだけ迫害されてきたのか、どれだけつらい思いをして生き抜いたのか、を描いた作品だ。レイプとか暴力とか目を背けたくなるような話だけど、かつての社会における女性の立場がよくわかる。

　ふんふん、と興味深げに聞き入っていたホステスさんたちは、僕が紹介した映画をすかさずスマホにメモしていた。その後すぐに「ジェフズリスト」として仲間内で共有したという。

　次にお店に行った時には「あの映画見ました」「めっちゃ良かった」なんて感想を話してくれた。そして、ジェフズリストをアップデートしたいとせがんできた。

　さすが銀座の営業能力はすごい。つくづく頭が下がる。まんまと気を良くしていると、いつの間にかボトルが増えてる。

　あるホステスさんが「ジェフさんってアメリカ人なんですか」と聞くから、今度はアメリカの社会を象徴する映画を挙げてみた。『グリーンブック』だ。

　ちょうど黒人に対する暴力や人種差別撤廃を訴えるBLM（BLACK LIVES MATTER）運動が広がっていた時で、差別とは一体どういうものなのか、が理解できる映画を見る価値はある。きっと何人かは、後日、鑑賞したことだろう。

　ちなみにある店のホステスさんの中に、社会学を勉強してい

る大学生がいた。彼女は「これから就職するんですけど、どうしたらいいでしょうか」なんて就職相談を持ちかけてきた。加えて一緒に店に行った会社員は、「ジェフさん、円安の見通しは？」とか「不動産業界への影響をどう考えていますか」とか質問してくる。

あれ？　高いお金を払って酒を飲みに来た僕が、なんで就職や仕事の相談を聞かないといけないの？　と、思わず首をかしげそうになった。だって、そもそもクラブって、僕が人生相談を聞いてもらえるところじゃないの？　まあ、これは冗談だけど。

様々な世代を率いるリーダーならば、若い世代に上から目線で一方的に話すのではなく、若い世代と心がつながるような会話をすべきじゃないか。
その際、あらゆる媒体と技を駆使するコミュニケーション力と知恵が問われることになる。

リーダーはヒーローではない

リーダーとはどういうものなのか、を知るうえで、僕が深く影響を受けた本がある。

大好きなアメリカの歴史家、スティーブン・エドワード・アンブローズのノンフィクション『バンド・オブ・ブラザーズ』だ。

第2次世界大戦時に実在した米軍の小隊の話で、そこに登場するリチャード・ウィンターズ少佐（一等兵で入隊、終戦までに

少佐まで昇格、2011年91歳で地元ペンシルバニアで亡くなる）は僕の永遠のヒーローであり、本物のリーダーだと断言できる。極限状態の中でも常に部下全員の状況を把握し、細やかに面倒を見て、皆が生き抜く術を考えながら統率していった。

バンド・オブ・ブラザーズはS.スピルバーグがテレビドラマでシリーズ化している。僕はアマゾンジャパンのマネジャークラスにそのドラマを見せて、何を感じたかを話し合ったこともあった。

注意しなければならないのは歴史の中から理想のリーダーを選ぶ時。日本の管理職は当然ながら日本の歴史上の人物から選ぶだろう。

しかしたいてい、近代史ではなく、織田信長や武田信玄といった近代以前のヒーローの話をする。

ヒーローはリーダーではない。

ヒーローになったリーダーはもちろんいる。どの時代、どの社会でも皆ヒーローの出現を求めるからだ。しかし、そのヒーローへの憧れで自分のチームと接するのは好ましくない。

成功の本質を伝えたいなら、その手法をして、相手が理解できる説明が必要だ。今の20代に突然、桶狭間の戦いの話をしても通じない。

ウィンターズ少佐の話に戻るが、彼が入隊した部隊の指揮官は箸にも棒にもかからぬ、まったく使い物にならない指揮官だった。

しかしウィンターズは部下たちとその指揮官への愚痴や悪口を一緒に言って共感を得るようなことはしない。秩序を重んじて、規律と目的を唱え、粛々と部下たちを率いて行く。僕の彼への尊敬の念は言葉では表現できない。

　リーダー論は、論点の中心に何を据えるかによって説く内容が大きく変わる。
　書店に並ぶ本の多くは、テクニカルなリーダーシップについて論じている。リーダーシップを育むためのトレーニングとか、部下への指示の出し方とか。または、自分がリーダーとしてどうあるべきか、という心構えについて論じる本も目立つ。
　ただ、こうした本を読む前に、あらかじめ整えておかねばならないことがある。
　パッションを持って、部下たちとコミュニケーションを交わすだけの精神的な下地を作ることだ。
　リーダーとは、チームのメンバーや部下の成功と喜びに、自分がどれだけ貢献できるのか、という問いを重ねながら努力すべき存在なんだ。その下地を備えた者だけが、ようやくリーダーとして人を導ける。
　誰も「管理」はされたくはない。求めるのは、自分の立場を理解したうえで、成功と成長へと導いてくれる人なのだから。

04

スローガンと
タウンホールミーティング

▼

部下の心に届く伝え方とは

　経営には数字に対するオブセッションと、人を動かすパッションの両方が必要だと言ってきた。

　後者のパッションについては、それを伝える「言葉」がとても大事なのだが、これがまた厄介だ。エセパッションはすぐに嗅ぎわけられる。

　社長が「いやあ、大変だったね〜」なんてねぎらいの言葉を口にしながら、現場の仕事への理解がなく、きついノルマばかりを課してくるようなら、何あの社長、人に好かれたいだけじゃん、と見抜かれてしまう。

　日本の会社の社長はメッセージを発するのが好きだ。創業の精神を踏襲した哲学的、道徳的な社訓やスローガン、経営理念などが社長の口から次々と発信される。最近ではミッション、バリュー、パーパス、ビジョンという単語を使った価値観の表明もはやりのようだ。

　もし、こうした言葉が空回りしているようなら、それはかなりもったいないことだ。

特に60代後半から上の世代で、日本がどんどん成長を続けていく夢と希望のある時代を生きてきた経営者は、どうしても古き良き時代にしか通用しない実体験や体感した当時の空気に根ざした経営理念を話してしまう。これでは、なかなか若い世代からの共感は得られないのではないか。

　そして、掲げるスローガンを口にするだけではなく、きちんと社内に浸透させるためには、幹部や社員らの心に届く伝え方の工夫も必要になる。

「自分の言葉で語る」ということ

　社長やリーダーが部下や組織に接する時はパッションを持って接する。そして、何かを伝える際には細心の注意を持って言葉で伝える。

　このことを肝に命じて、僕も社員とコミュニケーションをとる際にいろいろとチャレンジしてきた。

　そうして得た結論は、①表面的なスローガンを伝えるだけで終わらせないこと、②なるべく数字に基づいて誰もがわかるように伝えること、③注意を促したり諭したりする場合には自分の失敗談を交えること——という3カ条だ。

　とりわけ自分の失敗を共有できるリーダーは信頼されるんだよ。

　例えばタウンホールミーティングというやり方がある。これ

はもともとアメリカのカーター元大統領が実施した対話型集会に始まったもので、カジュアルな雰囲気の中、参加者が率直に意見を交換するというものだ。

似たような手法としてはルーズベルト元大統領が実施した「fireside chats（炉辺談話）」が知られている。最近は日本企業でも取り入れるところがあるそうだ。

アマゾンジャパンでも少人数のタウンホールや社員全体に向けたオールハンズをよくやった。オールハンズではだいたい3000人くらいが集まった。

第1四半期や第2四半期の状況をオールハンズで話す時などは、財務的発表はするが、通り一遍の決算の話はしない。タウンホールでは、こんな風に話す。

前期はこれだけのケガとか事故があったのに、今期はこれくらいに抑えられた。キミたちのチームがこれだけのパトロールをして問題を検証したからだ。直接生産性の数字には乗ってこないけど、問題を処理する時間が減っているということは、総合的な生産性が上がっていることだ。お客様へのサービスの向上もこういう地道な努力で成り立っている、ということを伝える。

誰もが納得する数字と公平な評価で、社員のディテールまできちんと見ているというこちら側の姿勢を認識してもらういい機会だった。

少数の部長クラスが主催するタウンホールでは、「やってみたいと思ったことをどんどん提案して」と発言を促し、新規の

アイデアについて話し合うこともある。

　僕の管轄するセクションとは異なる職場の社員が、直接の業務と関係ない質問をしてくることもたびたびあった。

　「マイクロプラスチックに関して、どう思いますか」
　そう尋ねられて、僕は考えた。そして、社長という立場としての意見と、個人としての意見という、2通りの考えがある、と前置きして話し出した。
　会社の社長という立ち位置では、マイクロプラは減らしていかねばならない対象だ。SDGs（持続可能な開発目標）という言葉があてはまるのかどうかはともかく、少なくともアマゾンは、削減に貢献していくという考え方で取り組んでいる。

　そこで僕個人の考えを述べる際には、こんな実体験を交えて話した。
　僕はシュノーケリングが好きでよく海に潜る。魚や亀を眺めている時に、珊瑚の間にゴミを見つけると悲しくなってしまう。別に掃除をしに来たわけでもないのに、見つけ次第、ためらわずに拾う。
　とはいえ、こうした体験をもって「プラスチックが悪だ」という単純な考え方に至るのが本当に正しいのか、とも思える、と。
　さらに、プラスチック単体の問題だけではなく、物流全体も含めた二酸化炭素（CO_2）の排出問題や、優越性を持つ大国が一方的に脱炭素を進めることへの疑問などについても話した。

会社の考え方と僕の考え方を分けて話したのだが、広報はヒヤヒヤしたはずだ。

　不特定多数の人が聞いているし、録音の一部を切り取って披露される可能性だってある。でも、タウンホールに参加していたシアトル本社の人事幹部からは、「SDGsが単純なスローガンで終わらないようにしないといけない、というジェフの言葉がとても良かった」と言ってもらい、社員からも続々とコメントが寄せられた。

　彼らの反応で多かったのが、「パンフレットに書いてあるようなことばかり言うんじゃなくて、ボスが深く考えていることを知って良かった」というものだった。

　いずれの会社の経営理念もスローガンも、それぞれは吟味して考えぬかれたものだろう。

　<u>ただし、それを人にきちんと伝えたいならば、時には中身をかみ砕いて、自分の言葉で表現することをリーダーは心がけないといけない。</u>

　相手の心の奥底に言葉を届ける工夫が求められるのだ。

武勇伝は語らない、批判はしない

　一方、上に立つ者が口にしないよう、日ごろから注意すべきことがある。

まずは、武勇伝だ。他人の武勇伝には誰も興味を持てないことをよく知っておくことだ。武勇伝は自己顕示欲のゆがんだ表現であり、猫がシャーッと毛を逆立てて威嚇して、自分の存在を主張するのに似ている。

　安易な部下の批判も避けるべきだろう。多くの人は結果を出すことよりも、批判されないことに神経をつかう。それこそが自分を守る最良の術だと思っているからだ。
　そこに、思慮に欠けた批判をぶつければ、相手はすっかり萎縮してしまう。批判は理路整然と、冷静にすべきものなのだ。そして、学びの場にしなくてはならない。

　会社が大きくなればなるほど、リーダーは自分の言葉に細心の注意を払わなければならなくなる。
　つらい生活体験を乗り越えてきた苦労人が減る一方で、いい大学を出て、エリート街道を歩んできた成績優秀な若者たちの数が増えている。ある年齢層以上の経営陣と、現場にいる社員の価値観の乖離は、確かに広がっているのだ。
　1つ1つの言葉の受け取り方も、世代によって大きく異なる場合があることを忘れてはいけない。その見えない溝を意識しないで安易な言葉を発すれば、思わぬ落とし穴に陥りかねない。

　上に立つ人は部下に何かを教えたり、教育したりする時に、自分が優位な側にいるという意識が出過ぎて、つい上から目線の物言いになってしまうことが多い。

会社の理念やスローガンを唱える前に、まず無になって言葉を咀嚼して、同じ目線で伝える努力を怠ってはいけないのだと感じている。

　学んでもらう気持ちを忘れてはならない。給料を払っているから言うことをきく、なんていうのは遠い昔の逸話だ。

05

1on1をやりたがる
マネジャー

▼

マネジャークラスの評価項目

　アマゾンの経営の特徴は数字への徹底的なオブセッション
だ。重視するのはKPIで、社員の評価に関しても公平さを保つた
めに個々人のKPIを設定する。

　じゃあ、マネジャークラスだったらどんな評価項目があるの
か。
　僕の管轄だった物流部門では、以下のような評価項目を設け
ていた。

　①どれだけのメンバーを昇格させることができたのか
　②何人を新規事業のメンバーに選出できたか
　③新規チームの実績
　④どれだけ他の部署に貢献したのか
　⑤どれだけ他の部署の人材育成に貢献したのか
　⑥現行KPIの解析改善をしたか
　⑦KPIの改定をどれだけしたか
　⑧これらでどのような新規事業・工程改革・費用対効果を生

んだか

　以上の8項目について、半年に1度、査定をする。

　こうしてみると、1人を査定するのに相当な時間と労力を費やしているのでは、と思われるかもしれないが、KPIは日々の累積であり、進捗や結果は毎週のレビューですでに共有されている。だから、半年ごとに改めて長時間の議論をする必要はない。それほど手間はかけずに組織全体の査定を2日間でやり終える。

　一方、査定される側のマネジャーには、コスト管理や売り上げ目標などの他に、いくつもの厳しい課題が課せられていることがわかるだろう。チームを率いるリーダーとは、それだけ期待値が高く、重要な職務なんだ。

　やりがいを感じる人がいる反面、これ以上ついていけない、と辞めていく人も多い。そうした人をできるだけ少なくして、1人でも多くの社員に成長を実感してもらうような心遣いもリーダーには求められる。ゆくゆくはそれが、組織の成長にもつながるのだから。

アピールしたいだけの1on1

　そういう観点もあって、上司と部下のコミュニケーション密度を高めるために「1on1ミーティング」を導入する会社が増えているようだ。これもまたはやりの言葉なんだけど、簡単に言

えば定期的に上司と部下が1対1で行う面談のことを指す。

　アマゾンジャパンで僕は、僕の上司との1on1を月1回の頻度でやっていたのだが、僕の部下とは定期的なスケジューリングをしたことはなかった。その代わり、「1on1はキミが必要だと思った時はいつでもやるから言ってくれ。面談をしていなくても、キミの仕事の数値はいつも見ているからね」と部下に話していた。

　すると、数値の話、新規事業についての相談で1on1を求めてくる部下の他に、とにかく僕に会いたい、毎週やってほしいというマネジャーが現れた。

　格別何かの相談があるというわけではなく、彼がやっていることを話して、僕がうん、うんと聞く……この繰り返しで、まるで僕に子守を求めてくるような甘ったれだった。

　最初は言われるままに毎週会っていたが、ある時、こう聞いてみた。「毎週僕に会って面談して、キミにとって何か得になるのか？」。帰ってきた答えは「自信が持てます」。

　彼のチームには160人のメンバーがいた。そのリーダーが普段、自信を持って仕事をしていないのであれば、160人に自信を与えられるわけがない。そこで僕はこんな言葉を投げてみた。

　「キミはお母さんがいないとご飯が食べられないの？　ってことを言っているんだよ。僕はキミよりもキミの部下が心配だ。どうする？　このまま今のチームを引っ張っていけると思

う？」

　僕の言葉を聞いて、彼の顔からみるみる血の気が引いていった。

　彼が毎週1on1を求めてきた理由は、ただ1つ、毎週僕に会って僕のウケをよくしたい、頑張っています、とアピールしたいだけだったんだ。

　そこで僕は、「スキップレベルでキミの直属の部下6人と1on1をする。それから相談しよう」と宣言して、彼の部下たちの話を聞いていった。

　今のチームに対して、マネジャーに対して、様々な意見や要望が出てきた。そのうえでこのマネジャーには「僕がこれまで教えてきたやり方で、仕事の仕方、数字の見方をもう一度、見直してごらん」と話した。

　この1on1を経て、彼のチームのコミュニケーションの硬直化やチーム運営の問題点などが浮かび上がってきた。言い換えれば僕が気がつくまで、何も動かなかったということだ。それがわかっただけでも、彼との1on1には意義があった、ということになる。

チームを育てる評価の仕組み

　3カ月たったころ、下の連中から「リーダーとのコミュニケーションが濃くなった」との声が届いた。

そこで僕はこのマネジャーに、チーム全員を集めてタウンホールミーティングをやってみることをすすめた。チーム全員の前で、今まで自分のできていなかったこと、できていたこと、チームの業績などをプレゼンテーションしてみなさい。それでもってチームメンバーとコミュニケーションを図るんだ。僕は最後の5分だけ顔を出す——。

　そのチームは明らかに変わった。タウンホールで「変わらないといけない」とメンバーみんなが思ったからだ。

　チームを育てるには、評価の仕組みが明確であること、そして、KPIを通じて全員が同じ目標、同じ目的を共有することが重要だ。

　何度でも言うけど、KPIはいい数字を作ることが目的ではない。数字のつじつまを合わせるなんてもってのほか。もし、悪い数字が出たらチームで喜んで、できていないことを明確にして、次にするべきことを見いだせばいい。そういう心構えでいることだ。

リーダーは部下に対して、悪い数字の説明責任を追求するべきじゃない。

　「なんで悪いんだ」「知らないよ」という不毛なやりとりばかりが続くことになる。それよりも、全体の戦力を上げるためには、できなかったことの詳細を冷静に解析し、共有したうえで議論するプロセスが必要だ。

　あくまで1on1のようなコミュニケーションの目的は、説明

責任を求めることではなく、こうした解析を経て成長を導き出すことなんだから。

　もとよりスローガンで組織や人は成長しない。密なコミュニケーションを通じて、一人ひとりが組織に貢献することの意義を見いだすことが、成功の鍵を握っている。

06

愛社精神なんていらない、
自分を守れ

▼

ある派遣社員のタトゥー

　ある暑い夏の日のことだ。アマゾンジャパンの中核物流拠点
であるフルフィルメントセンターでは大勢の派遣社員が働いて
いた。

　空調がきいていても盛んに動き回っていれば汗をかくので、
誰もが半袖を着ていた。そうした中で、ある若い男性の腕のタ
トゥー（入れ墨）がみんなの目に触れるようになった。普段は長
袖を着たり、1枚羽織っていたりしていたので、それまで誰も気
がつかなかったとみえる。

　するとその男性の上司である派遣会社の部長が僕のところに
やってきて、こう言って謝ったんだ。「すみません、タトゥーが
入っている人を採用してしまいました。周りが怖がるので隠さ
せます」

　日本の多くの会社では今なおタトゥーを不快だと感じる人が
いるようだから、派遣会社も気をつけてはいるのだろう。

　でも、どう見てもその男性は反社会勢力の関係者には見えな
いし、腕に入れているのはいかにもファッション的なタトゥー

だ。とはいえ一般的な世間の感覚を本人もわかっているだろうから、きっと肩身が狭い思いをしているんだろうなあ、と思いながら、僕はその男性を呼んだ。

「すみません」と、その男性は何度も頭を下げた。僕が「タトゥーをみんなに見せたかったの？」と聞くと、「いいえ、暑いから上に着ていたものを脱いじゃっただけなんです」と言う。

なるほど、やはりそうか。じゃあ、周りで働いている人がそれを目にして、怖いのか、嫌なのか、どんな気持ちなのかを聞いてみよう、と言って、僕はみんなを集めて尋ねた。

「キミたち不快に思う？　そう思うんだったら彼に長袖シャツを着てもらうけど。ただ、こんな暑い中だとツラいかもね。どうかな？」

すると、「別にかまいません」「ファッションタトゥーでしょ」「気にならない」と、あちこちから声が上がった。

そうか、じゃあ解散。そう言ってみんなには通常業務に戻ってもらった。

そこに派遣会社の部長が再びやってきた。「でも、会社の方針としてだめですから、長袖を着させます。これを認めてしまうと、きりがないですから」などと言う。

きりがない？　1000人中何人がタトゥーをしているというのだろう。そういう人がいたら、その都度みんなの意見を聞いても、たいした手間にはならない。そこにいるみんなが不快に思わないんだったら、どうでもよくないか。

（くだらないルールを守らせようと頑張るよりも、現場を良くすることにもっと頭を使ったら……）と口には出さなかったが、僕は心の中でそうつぶやいた。

　そして「うちがいいと言っているのだから、ここでは大丈夫です」と伝えて、お引き取り願った。

　確かに派遣会社の部長は、自分の会社のルールではそうなっているから、申し訳なく思ってこう言ってきたんだろう。その立場は理解している。

　でも、実際に派遣社員が働いている現場はアマゾンジャパンの社内だし、ファッションタトゥーのせいで業務に差し障りが生じているわけじゃない。だからこの場は僕の意見を通させてもらった。

働く人のCXを上げる

　ここで大事なことは、意味のないルールを守る、守らない、の是非ではない。同じ職場で働いている仲間が不快に思うかどうかなのだ。

　アマゾンでは会社の成長の原動力として、CXを重視している。このCXの定義をもう少し広げて、働く人たちのCX向上にも取り組んできた。リーダーは現場の事故・ケガ、通勤時間、離職率、食堂利用率などについてそれぞれKPIを設定し、これをもとにチームの働きぶりを見る。そして、働いている人同士がよ

り活発に交流できるように作業場やオフィスの環境を整えていく。仕事を通じて、働いている人たちの生活をより良くするにはどうすればいいのか、想像を巡らせながら手を打っていかなければいけない。

　リーダーは部下に何を教えなければいけないのだろうか。
　僕はまず最初に、「なによりも大事なことは、自分を守ることだ」と教える。

　安全教育の履修、目標を達成するための生産性向上、納期の厳守──これらはすべて自分自身を守るために設定する目標だ。
　この目標を達成することよってキミたちはきちんと査定され、ケガをしないで安全に過ごせる。自分を守ることがチームへの貢献につながる。会社の業績や上司の手柄のためではなく、自分自身のためにしっかり働いてほしい。僕はそう伝えることにしている。

　言われた通りのことをやるのが自分を守ることにつながる、と思っている人は結構多いんじゃないかと思う。これはつまるところ、結果を出すことよりも批判をされないことが自分を守ることにつながる、という考え方だ。
　確かに目先はそれでも保身できるかもしれない。でも、はたしてそんな心構えで、この先の長いキャリアにおいて、本当に自分を守ることができるんだろうか。

自分のスキルと知識を磨き上げること。これこそが自分を守るための最大の武器になるんだ。

　目の前の仕事を、批判されないようにこなしていくだけでは、スキルは上がらないし、新しい知見も得られないだろう。

　上司は僕を守ってくれない、などと言う人もいる。そんなの当たり前だよ。会社は自分を守ってなんかくれない、と思っていた方がいい。

　低成長時代が続く今の日本では、自己防衛の能力こそが欠かせない。自分の身は自分で守る。そのためにみんな覚醒しないといけない。

　自分のキャリアに対するオブセッションを持つんだ。自分のすべきことに集中して、もっと強くなって、もっと知識を蓄えろ。自分を守れ。

　僕はずっとそう部下に話してきた。

　リーダーたる上司は、部下をかばったり甘やかすことが「守ること」なんて考えちゃいけない。部下を覚醒させること、自己防衛能力を引き出すことが、部下を守ることにつながるんだと自覚すべきだ。

愛社精神より、自分を大事にする

　部下に愛社精神を持たせようと心を砕くリーダーがいるが、そんなことを考える必要はまったくない。

そもそも愛社精神なんてあってないようなものだ。一昔前の朝礼のように社歌を歌うなんて無理。おそらく現代のほとんどの会社員は、自分を犠牲にしてまで会社に利益をもたらそうなんて考えてはいない。

　もし愛社精神というものがあるなら、それは自分が活躍する場としての会社を大事に思う、ということにすぎないんじゃないか。それはリーダーが部下に求める愛社精神とは、根本的に異なる心持ちだ。

　それよりもまず、現場で働く人たちは、自分を愛して、自分を大事にしてほしい。そうした一人ひとりの思いが結果的に利益を生み出し、組織を強くする。

　そしてリーダーは現場で働く人たちと深い信頼関係を築き、対話を続けながら、彼らがどうやったら幸せになれるかを考えるべきだ。

　もちろん、現場の従業員との関わりを密なものにするには、途方もなく面倒くさい作業が必要になる。

　例えばある指示を部下に出したら、その指示がどういう風に伝達され、どう共有され、どう理解されるかまでをフォローして確認しなければならない。こうした手間のかかる作業を日々完遂させていくには、相当のパッションが必要だ。

　そして、自立した社員をまとめあげ、1つの目標へと向かわせるうえでも、強烈なパッションが欠かせない。営業部員の成績を棒グラフで示して競わせる、そんな数字だけを追いかけるの

はリーダーではない。

リーダーとは命令する人ではなく、その集団を、結果を出せる方向へと導く人でなければならない。

数字をもとに、それぞれの営業部員の強さと弱さを解析し、次の目標達成に向けて何を強化すべきか、そのためにどんな能力が必要とされるのかを、みんなで議論して共有するのがリーダーの姿だ。

その議論も、数値目標などの一方的な伝達ではなく、対話でなければならない。そして、時にはタウンホールミーティングのようなものを開きながら、リーダー自身の人間性や価値観を理解してもらうことも重要だ。

その際に、やってはいけないことを1つだけ挙げよう。それは、「上から目線」で接することだ。

リーダーはそれぞれの部下の覚醒と能力向上を心から望む存在でなければいけない。働く社員への感謝の念を、どんな時でも決して忘れてはいけない。そして、積極的にコミュニケーションをとらない甘え、終身雇用が生んだ会社の人間付き合いが何年も続くという錯覚。今の時代の離職率を見たら錯覚だとわかるはずだ。

何よりもまず、優秀な人材を引き留めておく仕組みが必要なのだ。

4章

脱・20世紀型経営

OBSESSION

こだわり抜く力

01

日本企業、交渉ベタのワケ

▼

求められる外交力

　経済のグローバル化が進んだ結果、国境をまたいだ企業同士の連携がこれまでになく盛んになっている。日本企業が海外の企業に、あるいは海外の企業が日本企業に、現地の業務を委託するケースも目立つようになった。

　例えば後者の場合、海外企業の日本法人が業務の遂行・管理の窓口になっているとしても、統治者はあくまでも外資であり、基本的なメンタリティーは日本のそれとは違う、と心しておかねばならない。

　日本法人トップが外国人である場合はもちろん、日本人である場合も、基本的には最終決裁権は海外の本社にあるので、「日本人同士のあうんの呼吸」が通用すると考えてはいけない。まあ、これはいわずもがなのことだけれど。

　これまでに僕は、外資の日本法人および日本企業の様々な取り組みの実態をつぶさに観察してきた。僕自身もアマゾンジャパンにいた時は、その当事者であったわけだ。

　そんないくつもの事例を見てきた中で、ある課題が気にかか

るようになった。

　日本企業の、外資を相手にした時の「交渉ベタ」が目につくのだ。

　経済環境が良好な時は、この課題はめったに表面化しない。だが、ここ数十年にわたる低成長時代のように、両者の利害の対立が避けられなくなる事態が起きやすい状況になると、とたんに日本企業の交渉ベタが浮き彫りになってくる。

　それは企業規模の大小を問わない現象だ。

　日本はいまだ世界第3位の経済大国だ。その国をしょって立つ企業が、いまだに「内弁慶」でガラパゴスのような交渉姿勢をひきずっているようでは困りものだ。

　今、多少の揺り戻しが懸念されてはいるものの、グローバル化の大きな潮流はそう簡単に失われはしない。今後も個々の企業のレベルで、どんな国の企業にも気後れしない外交力が問われ続けることになる。

職業倫理観の高さが裏目に

　こんな日本企業の外交的課題のありかを探るために、1つの具体的なケースを挙げて検証してみようと思う。

　仮に、米国に本社を置くA社と、日本の大手企業B社が、日本国内でのある業務の委託契約を結んでいたとしよう。

A社は日本進出以来、国内の事業が年を追って成長した。その根幹を支える一部業務に関してはB社とほかの2社と委託契約を結び、3社はそれぞれが得意とする業務カテゴリーを中心に担ってきた。

　この業務はデジタル化が進んだ現代においても、人的資本に依存する部分がかなり大きいというのが実情だった。

　だが、A社の日本事業の成長とともに業務の量が増加し、また顧客ニーズの多様化に合わせて業務の複雑化も進む一方で、日本国内では人手不足の問題が顕在化し、B社が担う業務の現場でも悲鳴が上がり始めるようになった。

　3社のうち1社は委託業務からいち早く撤退した。

　B社は業界の盟主であり、これまでに様々な壁に突き当たっても工夫と実行力で乗り越えてきた会社なので、当初は既存のマンパワーでなんとかやりくりしてしのいだ。だが、ついにある時点で限界を悟り、人員確保のための「値上げ」をA社日本法人に要請した。

　A社側でも予算を組んで事業にあたっているのだから、当然、値上げは困る。ただ、日本国内の事情は承知しているので、真摯に交渉に応じたが、どうにも折り合いがつかず、話し合いは頓挫した。

　その間、A社日本法人のトップはずっと米国本社とB社の間に立ち、あくまでA社の利益代表として主張し続けた。結局B社はその業務から撤退した。今から5年ほど前のことだ。

実はＡ社日本法人のトップは、その３年ほど前から、米国の本社に当該業務の量と質が変化しつつあることを報告し、「現状の価格水準でいつまでも業務を委託するのは無理だ」と論理的に説明したうえで価格の見直しを提案していた。

　Ｂ社はＡ社の日本進出以来、10年以上付き合いのある大事な取引先であり、またスキルとサービス品質に優れた会社であるから、相応の配慮は必要だと考えたのだ。

　ところが、米国本社はそれほどものわかりがよくない。「無理とは言うけれど、今は業務をきちんとこなしているじゃないか」と値上げを受け入れるそぶりは一切見せない。

　少々やっかいなのは、Ｂ社の業務処理能力が極めて優れているうえに、プライドも高かったことだ。

　もし業務の品質が悪化でもしたら、Ｂ社はそれを糸口に「やはり値上げを受け入れてくれなければ困る。さらに品質が落ちかねない」と強気に言い張ることもできるのだが、そこは業務の正確性に血道をそそぎ、ギリギリまで一切、問題を起こさずにのりきってしまうＢ社のこと、当時の状況を見れば米国側が「やればできるじゃないか」と思ってしまうのも仕方がないことだった。Ｂ社の職業倫理感の高さがかえって裏目に出たともいえるだろう。

　膠着状態が続いた末にＢ社が「やらない」となったため、米国本社にこのバッドニュースが伝わると、じゃあ、日本法人が自前でなんとかしろ、ということになった。

　Ａ社の日本法人トップはＢ社の同業他社と新たに連携するこ

とでなんとか急場をしのぎ、結果的にはこの業務をある程度自前でこなすだけの力をつけることになった。

「交渉ベタ」が賃金低迷の一因に？

このケースを目の当たりにして、僕は日米の間の交渉術の違いについて改めて深く考えさせられた。

もし、今の契約条件では立ちゆかない、となった時に、日本の企業はどちらかというと「情に訴える」態度をとることが多い。

「こういう理由だから値上げをしてくれ」、と論理的に迫るのではなく、「こんなに苦労していても、ごらんの通りになんとかこなしているんだから、そこのところは配慮してくれてもいいんじゃないか」といった具合だ。

あうんの呼吸、「言わずとも察してもらいたい」という相手の配慮を期待しながら交渉に臨むというわけ。しかも、従来通りに真面目に業務を続けながらだ。

契約社会であれば、単に「困っているから助けてくれ」と訴えるだけではだめだ。米国の企業であれば、当初に要望する額をはっきり示して、これだけ値上げしてくれないともう業務は続けられない、という姿勢を見せる。だって理屈からして、その額じゃないと従来通りの業務はできない、と自ら言っているのだから、当然のことだ。

この両者の違いを端的に言えば、情や気持ちの揺れを隠しな

がらカードを切って前に進む、いわば、ポーカーゲームができるかできないか、ということなんだろう。

　その結果招いてしまいがちなのが、「外交の破綻」だ。受け身になり、理解してもらいたい、というところで止まってしまうと、相手が強硬に「NO」の姿勢を崩さない場合、次の活路を見いだしにくくなる。ケンカを売るのが良いとまでは言わないけど、例えば本来の窓口である日本法人との交渉の席を憤然と蹴って、海外の本社に直談判する、という会社もまず見られない。

　相手が米国に限らず、海外の会社だからこそ、理路整然と、したたかに、さらに毅然とした態度で交渉に臨まないといけない。
　これだけの期間に、業務の量と質がこれだけ変化した。業務遂行に必要なツールの稼働率低下や、人的資源の補強、燃料や資材のコストアップなどを勘案すると、単価をこれだけ上げてくれないとどうにもならない、と話し合いをスタートさせるべきだろう。

　A社の日本法人トップの方にも忸怩たる思いがあったようだ。
　極めて高い品質の業務を遂行してくれるB社は、日本進出の時以来、ずっと成長を支えてきてくれた特別な存在だ。そこの現場がつらい思いをしているのに、米国の本社を説得できなかったという悔いが残った。

もしも可能であったなら、B社側と一緒にしっかり数字と論理を突き詰め、米国本社を説得できるストーリー作りを後押ししてやれば良かったと反省したようだ。

　もっとも、実は現場業務に関わるコスト解析の数字はA社日本法人の中でおおむね判明していたのに、B社側からはそのような数字が提示されることはなかった。そこまで数字をさらけ出すことには、B社内に抵抗があったのかもしれない。

　これがもし米国であったなら、裁判所に提出する資料のように、極めて詳細な数字をまとめた書類を手に交渉に臨むだろう。

「数字」という共通言語で、相手が反論できないところまで追い込むのが最良の策と考えるからだ。

　B社が撤退した後も、その日本法人トップは米国本社に対し、B社の重要性を粘り強く説き続けた。同業他社にB社のノウハウを手渡すのは得策ではない。連携を再開した方がいい、と。

　実のところ、A社の事業規模は日本国内でかなり大きくなり、その業務を自分たちだけで担おうにも、とてもこなしきれない水準にまで達していた。A社は自らの巨大さが脅威になりつつあったんだ。

　A社の現場も、まさに「ネコの手も借りたいほど」の忙しさになった。その日本法人トップは「俺も頭を下げるから、一緒にB社に行こう」と専務に声をかけ、実際にB社に通った。そして2年ほどたって両社は和解し、再び業務で手を組むことになった。

当時、日本法人トップとともにB社に赴いた専務は、今はB社に籍を移して活躍しているのだという。

　重ねて言うが、グローバルな交渉では、世界の共通言語である「数字」に基づいた議論をする訓練ができているかどうかが運命を分ける。そしてポーカーゲームのように確率を計算し、相手の出方を読み、はったりで勝負をかける度胸も必要だ。

　もし、自分たちに能力で優位性があると思うなら、まずは思い切りふっかけた数字で交渉してもいいだろう。そうすれば、存外にいい着地点にたどりつけるかもしれない。
　ただし、ふっかける額をはじき出す前提となる、譲れない一線の数字については、徹底した精査と覚悟が必要だ。
　もしかしたらB社も、そうしたスタンスで強硬に交渉に臨んでいれば、かえってA社の米国本社に危機感を覚えさせて議論の余地が生まれ、当時のような決裂には至らなかったかもしれない。そして、実際に疲弊していたB社の現場の従業員に、より手厚い報酬を用意できるようになったかもしれない。

　そう考えると、日本の会社の賃金水準の低迷は、案外こうした「交渉ベタ」に原因の一端があるのかもしれない、と思えてくる。

02

昭和世代は戦国武将
Z世代はユーチューバー

▼

かつてないほどの世代間ギャップ

　ミレニアル世代、Z世代など、若年層を指す様々な分類語がある。中高年世代と、これら若年層との決定的な違いは、情報を取り込む手段のストラティフィケーション（stratification＝階層化）がどれだけ進んでいるか、という点にある。

　若年層と、その上の世代との格差は著しい。昭和の時代に、新しい感性を持った新人類（1980年代の日本の若者）が登場した、と騒がれたが、現代の世代間ギャップの大きさは当時の比ではない。

　思考方法が大いに異なる複数の世代が組織に同居している現況は未体験の世界であり、これが今の経営を難しくしている。

　固定電話からPHS、ガラケーと進化して、15年ぐらい前からスマートフォンが普及した。今の20代は小学校低学年からスマホを使い、情報源には自らアクセスし、欲しい情報を能動的に取りに行く。あふれる情報を消化しきれないために、物事の「決定」をインフルエンサーに頼る傾向すら表れている。

僕が知る限りでは、いまだに60代の中小企業経営者の中には、地域の商工会議所やライオンズクラブで会員らと意見交換して、そこで得た情報を経営に反映させたり、社員に話したりしている人がいる。そうした情報獲得の手段や情報そのものが、20代や30代にはまったく刺さらないのは当然といえる。

　若い世代の感性や思考の組み立て方をリスペクトして、互いに共感しながら対話を進める姿勢をもって付き合わないと、このギャップは埋まらない。

経営者の武勇伝が通じない理由

　とりわけ注意が必要なのは、中小企業の経営者がついつい過去の実績、武勇伝を話したがることだ。これは決して昭和、平成の話ではない。現代、令和の話だ。

　社長が「私はあのころ、すごかったんだ」と、延々と龍を退治した武勇伝——契約の獲得でめざましい活躍をしたり、大ピンチを果敢に克服したりした体験など——を周りに話す。中堅世代の管理職はその武勇伝を繰り返し聞いているから、「社長はすごい」とすり込まれており、そのままのストーリーを下の世代に伝える。

　ところが実際には、管理職の中には龍を見たことがある人はいても、龍の退治に直接関わった人はほとんどいない。

　その下の世代になるとまったく話が通じなくなってくる。当たり前だよ、龍を見たことすらないから、想像もつかないし、何

の共感も湧いてこないんだ。「また社長が自慢しているよ、昔の話」って言われるのがオチだ。

　さらに、多くの社長がロールモデルとして挙げるのは20世紀のカリスマ経営者や戦国武将というのが通り相場。でも、カリスマ経営者に心酔するのはともかく、当の本人は戦に行ったことはあるのかい？

　経営者には多かれ少なかれ、部下たちから尊敬されたい、好かれたいという欲求がある。その社長に15年、20年と付いてきた部下ならば、何度も聞かされた武勇伝を理解することができる。終身雇用の会社では同調することが緊密な人間関係を築き、チームを盛り上げていくのに必要だと考えているからだ。

　でも若い世代はそんな同調に共感しないし、見たこともない武勇伝を語る上司を敬うという秩序の感覚もない。信じているのは自分が理解できるものだけ。それが、ユーチューバーやインフルエンサーだったりする。

　ものすごいスピードで次々と新しい情報が発信され、1人また1人と信奉する相手が都度変化し、増えていく、いわば多神教の信者のようなものだ。

上司に求められる「目利き力」

　多くのスタートアップには、様々な価値観、様々な思考回路を持ち、それを自由に表現する人たちが集まっている。彼らはこのアイデアを商品化する、売り上げと株価はこう上げる、い

つまでに上場する、といった具体的な共通言語に共鳴した仲間であり、明快な目標を立ててビジネスを起こす。

　そこには抽象的な会社の文化も、忖度を要する人間関係も、感情に訴えるスローガンもない。あくまで「目的を共有し、達成を目指す」という合理的な理由で連帯し、スピード感豊かにビジネスを前に進める。

　「情報」も、社員同士、あるいは上司と部下の連帯意識を強める重要な要素といえる。かつて仕事に欠かせない情報を提供してくれるのは現場の棟梁だったり、部署の上司であったりした。生きた教科書である彼らにくっついていけば、日を重ねながら業務に必要な知識を得て、自身のスキルを上げることができた。

　でも今の時代、たいていの情報はネットでいくらでも手に入る。<u>たとえ勉強する意欲がなかった人でも、好奇心に駆られて思い立てばその日のうちに、即座に必要な情報を手に入れられる。</u>そんな社会に変貌した。

　もはや「情報の共有」は、社員を会社につなぎとめるための理由にはならない。若い世代は、どこでも手に入るような情報をありがたがるほどの余裕はないのだ。

　彼らは、年功序列と終身雇用のルールが浸透する今の会社にしがみついていれば、いつか突然、早期退職を迫られるかもしれないという不安心理を抱えている。数年後には会社そのものが存続していない可能性だってあるとシビアに考えている。な

りたい職業として公務員の人気が高まっているのも無理はない。

　とはいえ、若い世代は別に自由なユーチューバーになりたいわけでもない。確かにわずらわしい組織のルールやしがらみとは関係のないところで、ユーチューバーは裕福に暮らしている。なんで自分はこんな場所で仕事をしていなきゃいけないんだ、と感じている若い社員もいるだろう。

　そんな彼らを組織につなぎとめ、存分に活躍してもらうには、一体何が必要なのだろうか。

　まずは彼らが置かれている立場を理解し、会社の中で本当に彼らが必要としている情報は何なのかを考えて伝えることだ。彼ら固有の価値をいかに会社が最大化させることができるのか、その可能性を示して安心感を与えることが重要だ。

　情報が氾濫している今だからこそ、彼らが共鳴できる情報をキュレーションして、それを伝える目利き力が上司に求められている。これはいつの時代においても通用する真理であるといえるだろう。

03

上司説得の切り札は
「ノーリスク」「餌付け」

▼

あちこちにいる「守りの上司」

　新規事業のアイデアを思いついた。こんなプロジェクトをやってみたい——。入社から日の浅い若手会社員の多くは、新しいことをやってみたい、という意欲に燃えている。若者らしいチャレンジ精神は尊ぶべきもので、本来なら組織を活性化させるエネルギーにもなる。

　ところが、次第にその意欲がしぼんでしまい、ついには諦めてしまうことも少なくない。一時の熱気が、ウソのように冷めてしまう。

　なぜか。

　その組織に、変わることをよしとしない、守りの上司が数多くいるからだ。

　よく知っているアパレルの物流会社の2代目社長が、一時は100億円を超えていた売り上げが3分の2を割るまで落ち込んだ、と悩んでいた。僕は決算書などを見ながら、まず財務の問題点を指摘し、さらに、人事も刷新しないとダメだよ、と本気で助言した。

その後も、変わっていきたい、成長する必要があるんだ、と切望する彼の相談に応じていたのだけれど、いざとなると、どうも腰砕けで後ろ向きの発言ばかりになる。

　例えば人事の刷新では、「常務は（父である）先代にずっと仕えてきた人だからはずせない」とか。事業ポートフォリオの改革については、「この事業は先代が決めたことだからやめるわけにはいかない」とか。1時間話していて、結局、彼が一生懸命僕にアピールしたことは、当初の言葉とは裏腹に、変わりたくない、ということでしかなかった。

　次は別の2代目が率いる会社の話。僕は毎月2度ほどコンサルに訪れている。いつもその前日は、「明日はジェフに怒られる」と、社内が緊迫した空気になるらしい。

　ある日、この会社の定例会議で新しい企画書が提出された。チャレンジする前向きな気持ちは非常にいい、と僕は評価した。

　ところが企画書を子細に見ると、どうも数字が現実離れした〝ファンタジー〟にしか思えなかった。そこで企画を提案した部長に、「あなたは実際にこの商売を背負う覚悟で数字を出しているの？」と尋ねた。本気で取り組みたいのなら、こんなあいまいな数字で事業計画を提案するはずがない。

　もし、自社が取り組むのではなく、出資した他の会社に企画を丸ごと任せて毎月売り上げをシェアする、といった発想ならば、あまりに覚悟が足りない。そう厳しく問い詰めたら、それでも「やりたいんです」と言う。

　わかった、それじゃあ、やるという前提で具体的な図面を描

こう、人の配置を考えよう、と言った。

　すると、今度は社長が「やった方がいいと思う？」と聞いてくるじゃないか。やった方がいいかどうかを決めるのは社長だ。判断できずに悩むくらいならやめた方がいい。
　うまくいくかどうかはやってみないとわからない。だから、とりあえず、ずっと取り組み続けるなんて思わずに、まずは期間を決めて挑戦することにしたらどうか。そう話した。
　まず、新しい何かを始めよう、という意欲がなければ、何事も前には進まない。そして、やるからには目標の達成に向けてやれることをやり切らなければならない。会社が評価すべきなのは、そういったマインドを持つ社員のはずだ。

　ところが、<u>多くの日本企業の人事にありがちなのは、何もやらない人、何も変えない人が昇進していく事実だ。</u>
　その風潮は中堅社員にも浸透していく。次第に彼らは、何もやらない上司に何かをしようと訴えること自体、意味がないと諦め始める。

「リスクはない」と断言してみよう

　では、キミの上司が何もやらない上司だったとしよう。彼は一体、どんなことに同意を示すのだろうか。

　<u>答え。それは、「リスクゼロで自分が得する話」だ。</u>

そんなうまい話、そうそうあるかい？　部下が、喜んでそんな話を持ち込んでくると思うのかい？

　こうした上司の心理を推し測ることなく、多くの部下たちは、自分が提案した新規事業にはリスクがあるかもしれません、でも、これだけメリットがあります、と正直に訴えてしまう。自分が出したアイデアの意義だけを必死にアピールしてしまう。

　その気持ちはよくわかる。でも残念ながら、これでは上司は落とせない。

　極端な話、この相手は得するかどうかには興味がない。リスクがあるかないか、を気にするんだ。

　だからいっそ、力点を変えて、「リスクはない」って断言するくらい踏み込んで主張した方がいい。

　例えば、こんな具合だ。

　ある会社の社員たちが、新規事業の立ち上げを一生懸命社長に訴えたけれど、半年間、まったく首を縦に振ってくれない、と嘆いていた。実は、この会社に僕は別の事業の立ち上げを勧めていた。その事業については1週間でやることが決まった。なぜか。僕が、やらないことで生じるリスクを社長に提示して説得したからだ。

　「やらなくてもいい。でも、社長、絶対に後悔しますよ」とね。

　自分の思いを実現したいなら、やっぱり説得する相手の心理を理解しないといけない。会社の上司を上司としてではなく、

お客様として考えればいい。

　お客様ならどう考えるか、を深く追求する「カスタマー・オブ
セッション」の視点だ。これがぜひ必要になる。

上司を手なずけろ

　もう1つ大事なことは「餌付け」だ。自分が出す事業アイデア
にはリスクがない、という実例を重ね、幾度か上司を「餌付け」
しておき、後で大きな本丸の企画をぽーんと出すんだ。すると
その上司は安心して食いついてくる。

　僕がアマゾンジャパンの社長でオペレーション（事業運営）
部門の責任者だった時、シアトル本社の20人ぐらいの幹部が集
まった会議で、次年度予算の丁々発止を繰り広げた。「日本はい
くら予算を使うんだ？」と聞かれて、僕は「今年度の3倍だ」と答
えたら、「アメリカですら2倍なのに、どうしてジェフのところ
が3倍なんだよ」と欧米の幹部から非難された。

　取り扱い商品の数と内容、スピードアップの目標などを勘案
し、3倍の資金を投じて翌年回収する、というのが僕のプラン。
だが、その分の予算を削られるアメリカの連中が激怒し、ヨー
ロッパの幹部も大反対した。

　物流を担い、倉庫の設備投資を要するオペレーション部門は
アマゾンの心臓部だ。だからカネの分捕り合戦もおのずとすさ
まじくなる。でも、みんなの目的は1つしかない。それは会社の
成長。会社の能力をアップさせることだ。

「僕は日本しか見ていないから、みんなの意見を尊重する。でも、僕に課せられた義務は、自分が担当している分野に関して、この会社のベストに貢献できるものが何かを説明し、提案することだ」

　そう言ってから、返す刀でアメリカの予算が多すぎると批判した。

　「以前、アメリカで自動車工場を作った時だって200億円で済んだのに、なんで倉庫にこんなカネがかかるの？　日本は土地代や耐震工事でこれだけの費用がかかるんだ」と主張し、議論がヒートアップ。結局本社は折れ、日本の予算は当初主張した予算よりも少しの減額で落ち着いた。

　会社を成長させたい、デカくしたい、売り上げを伸ばしたい、と願うのは当然のことだ。だが、その実現を妨げているのは社長だったり、直属の上司だったりする。

　無意識のうちに、変化を好まない思考パターンを部下に浸透させ、さらにその下の社員たちも感化させていく。極めて後ろ向きの連鎖が起きてしまう。

　中堅社員は目を覚まさなければいけない。今の風潮を変えていくには策略家になる必要がある。

　上司を餌付けして、シンパを作り、外堀を埋めていく――。これもすべて、組織と自分を成長させるための通過儀礼と思えばいい。面倒くさい、は禁句だ。

04

「会社は家族のためにある」って本当?

▼

「幸せは給与だけじゃない」の嘘

　ときどき不思議だなと思うことがある。日本の経営者の中には、よその会社の経営については自分の意見をあれこれ披露するのに、こと自分の会社に関しては不明な部分を抱えていて、それをそのまま放っておく人が多い、ということだ。

　とりわけ目立つのは、社員の欲求や満足度をどう高めればいいのか、つまり「社内のマーケティング」のやり方がわからない、という経営者。

　こういう人に限って、社員をいかに1つにまとめて同じ目標に向けて動かすか、会社の基本的な姿勢をどうやって社外に発信するか、そういった組織の理念をまとめ、仕組みを作る作業に着手しようとしない。

　こういう会社がえてして依存するのは「スローガン」、あるいは「社長の一声」だ。

　感情論、根性論でもって、とにかくみんなが頑張る、と令和の今でも思っている経営者は意外に多いのだ。

「離職率をどうしたら下げられるだろうか」――。親しくしているある中小企業の社長から相談を受けた。その会社にはこんな社訓が掲げられていた。

「会社は家族のためにある」

僕はその社長に、「過去15年間の給与の上昇率と賞与の上昇率を、実額と一緒に見せてほしい」と頼んだ。

この会社では3000人ほどが働いている。1家族の人員構成を平均3.5人と考えると、会社に関係する「家族」はおおむね1万人になる。なるほど、この会社は1万人のためにある、ということなんだな。

課題である離職率を見てみると、正社員で25％と極めて高い。なるほど社長が悩むわけだ。

離職する理由が様々であることはもちろん承知している。ただ、少なくとも「家族のためにある」をスローガンにしている会社の実情としては、あまりにも「掛け声倒れ」になってはいないか。

では、人事部は、彼らの離職理由を整理して、問題の本質を探り出そうとしているのだろうか――。否。なぜかこの部分には踏み込もうとしていない。これはどう考えても、社員は幸せそうじゃないよね。

そこで僕は、「家族の幸せを願っている」と言う社長に、家族の幸せをわかりやすく定義することが大事だ、と話した。

離職率の内訳、給与・賞与の上がり方などを景気指標と比較

しながら、我が社は「幸せ」をこういうふうに定義しているんだ、と社員に説明できなきゃいけないよ、と。

　話し終わらないうちに社長は、「そうじゃないよ。ジェフ、幸せってものは、給与だけじゃない」と反論した。だから僕はこう言い返したんだ。

　「いや、給与だと思うよ。お金だけで仕事をしているんじゃない、と言うけど、社長、幸せを測れるのはお金だよ。そうじゃないって、1万人の家族一人ひとりに聞いてみたの？　会社の幸せの定義を形として見せるのが社長の仕事。離職率25％という数字が、会社に不満を持っている社員が多いということを証明しているでしょ？」

　会社は人が集まる組織だ。働く人たちは、その会社を自ら進んで選んだとか、仕方なく選んだとか、動機は様々だけど、いずれにせよ自分の意思をもって、その組織に所属することを決めたのだ。大きい会社だろうが小さな会社だろうが、社員の選択行動による就職であることに変わりはない。

　それなのに、とりわけ中小企業の創業者にありがちなのだが、自分の会社を回していく時に、これら社員の思いをくみ上げ、相応に報いる作業を後回しにしてしまうケースがよく見られる。

　あたかも社員の意思を私物化しているように僕には見える。

　そしてこうした経営者は、自分の話したことや、自ら考えたスローガンに酔ってしまう傾向がある。

その社長は「ジェフって理屈っぽいんだね」と言うが、どう考えてみても、僕にはこの人が説明責任を放棄しているようにしか見えない。より厳しく言えば、第三者的に見て、この会社は上場してはいるけれど、みんなが入りたくなるような会社にはなっていない。自分たちのブランド力を上げる努力を怠っていると言うこともできるだろう。

経営者が社員に問うべきこと

別の会社ではこんなケースもある。

ここも創業者がまだ社長の職にあって会社を引っ張っている。僕が社長に会社運営の仕組み作りを提案しても、「……わからない」と首を振るばかりだった。

会社をもっとデカくして、上場したいという目標はある。ただ、時代に合わせた会社運営のあり方を改めて学び、率先して導入する意欲がなかなか湧かないようなのだ。

自ら会社を成長させたこれまでの手立てや理念は間違っていない、とこの社長は思い込んでいる。

確かにこれまでは正しかったのだろう。それを、いずれは変えねばならないということも頭の中ではわかっている。だが、自分が牽引車となって改革を進めよう、という実際の行動には及ばないのだ。

もっとも、この会社ではすでに後継者が決まりつつある。そ

の後継候補は時代に合わせた会社の仕組み作りに非常に前向きだ。社長はこれまでの思い込みを排した新しい経営に移行しようと決断した、その気概は評価したい。

どんなに優れたカリスマ経営者であっても、その人自身の思い込みは「正」だとは限らない。

だが、えてして周囲にいる人たちは経営者から会社の文化や習慣を教わり、その色に染まって、下の世代へとつないでしまう。つまり、アマゾンのフライホイール理論でいえば、いつまでも古いフライホイールが回ってしまっている状況なのだ。

随時変えていかなくてはならないKPI（Key Performance Indicator＝重要業績評価指標）も、昔に設定したままの数値で放置してしまう。新しいKPIを作ることは、自分の巣を脅かすことになるから、できるだけ触りたくないという心理も働くのだろう。

こんな経営者や上司たちに任せきっていては、新しい時代に対応した成長の絵図は描けない。社員たちが自ら考え、新しい成長の絵図を描こうとしないと、会社はアップデートすることができないのだ。

もはや低成長時代の日本では、従来の雇用形態を維持し続けることはできないと多くの人が気づいている。そもそも日本の成長を妨げているのは、事実上解雇ができないという現行の制度だが、それすらも将来どうなるかはわからない。賃金上昇が望めずに実質可処分所得も漸減する一方だ。

そんな不安だらけの日本経済にあっても、暴動は起きないし、みんな黙って仕事をしている。組織の一員として、やるべきことが目の前にたくさん転がっているからだ。業務効率を上げる。無駄を排す。組織を横断的に見直して適正な人員配置をする。そして、生産効率を上げ、株価を上げる。給料も増やす。上司も部下も日々、課題解決に追われている。

　そんな状況下にある人たちに対して、目が回るほど忙しいことは承知のうえで、僕は遠慮なくこう問い続ける。

　<u>さて、キミは会社の成長のために、どんなアイデアを提供できるんだい？　と。</u>

　経営者が社員に問わなければいけないのは、まさにこういうことだ。

　もちろん経営者自身も自らの考えをアップデートし続ける努力を怠ってはならない。そして、問いかけに答えた社員の意見をくみ上げ、成果は応分に分配し、職場の幸福度を高めなきゃいけない。

　最も戒めるべきは「見て見ぬフリ」の横行だ。

摩擦を恐れず、声を上げよう

　アマゾンジャパンでも社員の意見を吸い上げるために、匿名で意見を募集しているのだが、最初のころは見事に意見が出て

こなかった。

　終身雇用の日本では、会社の中でなじみの同僚といつも顔を合わせている。だから、あえて自分の意見を表明して摩擦が生じるような事態を回避したい、今まで通り嫌われずにうまくやっていきたいと考える人が多い。関係を感情でしか整理できない日本人のメンタリティーがよくわかる。退職の理由で最も多いのが「人間関係」というのも、日本独特の現象だからね。

　だが、経営者から社員に至るまで、みんなが摩擦を避け、現状維持を望むようなら、社員の幸福度は一向に上がらないだろう。摩擦をConflict（対立）ととらえるのではなく、Opportunity（機会）と考えなければいけないのだ。

　日本人は昔から議論する教育を受けていない。だから相手の意見を尊重しながら反論するテクニックは持ち合わせていない。

　でも、それも訓練次第。キミが置かれている立場だからこそ見えてくる「改善のポイント」や「成長のヒント」をおおいに提案しよう。それでみんなが得をすれば、報酬が増え、働きがいが増し、成長へのモチベーションが生まれてくるはずだ。

05

コンサルを起用するなら
汗を流せ

▼

考えて、実行するのは自分自身

　僕はアマゾンジャパンを退社してからコンサルティングの会社を立ち上げた。製造業や運輸業などの中小企業を中心に、クライアントのトップや社員らと一緒になって経営の改善策を考えている。

　僕がコンサル業務で一番気をつけているのは、クライアントに安易にソリューションを示さない、ということだ。

　あくまで僕の知見をベースにして、ソリューションの見つけ方を教える。ソリューションの在処へと導いていく。それが僕の仕事だ。

　アマゾンジャパンの社長という経歴があるせいか、時々、物流やECの権威みたいに扱われてしまう。僕が言うことは絶対に正しくて、その通りにやれば成功する、と考えてしまうらしく、すぐに答えを求めてくる経営者が少なくない。

　だが、それはあまりにも短絡的というものだ。

　僕はコンサルティングを通じて、経営者や社員に「学ぶ能力」

「解決策を作る能力」、そのための「聞く能力」の3つを身につけてほしいと思っている。

そして、その磨いた能力をいかに経営改革に生かしていけばよいのか、を教えている。

考えて、実行に移すのは、当然ながらその会社の人たちだ。当事者が汗をかかないことには会社は良くならない。僕は宿題もたっぷり出す。まるで家庭教師みたいだ。

僕の方も、コンサルという仕事に情熱を傾けているので毎回くたくたになる。だから、本当に強くなりたい人にしか僕は興味がない。契約する会社の本気度をしっかりと確かめたうえで、引き受けるかどうかを決めている。

コンサル頼みではうまくいかない

日本が低成長時代を迎えてから、コンサル会社を起用する企業がめっきり増えたと感じている。一種のブームともいえるだろう。もちろん、有力なコンサル会社と契約したうえで改革に本気で取り組めば、それなりの成果は得られるだろう。

だが実際のところは、全然役に立っていないな、と感じるケースが少なくない。なぜだろうか。

経営者の中にはコンサルと契約し、座学の時間を重ねていけばなんとかなる、と思い込んでいる人が結構いる。「ウチは大手の〇〇社に入ってもらっていますから」なんてしたり顔で話す

人にも時々出くわす。

　だが、そんなところに限って、課題解決のプロセスの立案は
コンサル任せだったりする。コンサルが持ち込む新しいデジタ
ルツールを薦められるままに導入する企業がなんと多いこと
か。

　こんな実例を目にするたびに、僕は、経営陣にとって有力コ
ンサルの起用は単に「やってる感」を味わいたいだけ、いわばプ
ラシーボ（Placebo、偽薬）なんだなあ、と思ってしまう。

　でも、それじゃあ本当に会社は変わらない。典型的な他力本
願で、真の経営努力とは決して言えない。

　正直、僕のやろうとしているコンサルはめんどくさい。自分
で答えを見つけるまで、徹底的に考えてもらう。クライアント
からは「ジェフは厳しいなあ」とよく言われる。「いっそ、うちの
経営者になってくれないか」と依頼されたことも一度や二度で
はない。

　そんな時は思わず心の中でため息をついてしまう。おいお
い、ちょっと待ってくれよ。それは見当違いでしょう。僕には
あなたの会社を経営する気はないよ、と。

会社の方向性を決め、舵取りするのはあくまで経営者だ。
　コンサルはそれを支えるのが役目。だから僕は、経営者がや
りたいと言ったことを一切否定しない。
　そのうえで、こんなことを伝えている。「やりたいことを本当

に実現したいんだったら、仕組みを作らないとできないよ。その仕組みを作る努力を、ケチってはだめだよ」と。1年か2年、あるいはそれ以上、その仕組み作りにじっくり向き合うこと。その覚悟が問われるのだから。

　先日、ある会社の依頼を受けた。そこの社長は「こういうビジネスモデルを考えている。具体的な手立てはこうで、こんな目標を持っている」と明確にやりたいことを言葉で示してくれた。「いいね。で、真剣にやりたいの？」と聞くと、「やりたい」と即答した。

　僕は依頼を引き受けた。決め手になったのは、社長が極めて正直だったことだ。「私はこれが苦手。これができない」と言う。できないことがあるから、何でも吸収しよう。知ったかぶりをしないで、自分の頭で考え抜き、学ぼう。そんな姿勢が明らかに伝わってきた。

　正直な人こそが成功に近づく。頭が良くなるための第一歩は、自分は頭が良くないってことを認めることなんだ。

　だから自ら汗をかく。他人任せにしない。そうすれば経営者として大いに成長できる。

06

在宅か出社か
コロナが突きつけたもの

▼

出社しなくても、会社は回る。が……

　在宅勤務か、オフィスで仕事か。

　コロナ禍が収束の気配を見せる中で、働き方をめぐる議論が世界中で巻き起こった。きっかけは2022年11月、米ツイッターを買収したアメリカの起業家、イーロン・マスク氏が初めて社員に送ったメールで、在宅勤務の禁止を警告したことだった。

　マスク氏が社員に出社を促したのは、会社の秩序を保つためなのだと思う。

　人は根本的になまけものだ。自由を与えすぎると仕事よりもサボるという方向に傾く人が少なくない。

　会社はルールや規律を支えとして成り立っている組織だから、マスク氏が「いつ働くかを個人の判断にゆだねてしまうのはいかがなものか」と考えたのも無理はない、と理解できる。

　キミはこう言うかもしれない。「ちょっと待ってくれ、在宅でも真面目に働いている人はたくさんいるよ」

　その通りです。でも人間は集団の生き物だ。やはり感性が支

<u>える人間関係も組織の重要な要素なんだ。</u>

　ここでは、こうした是非論からからいったん離れて、新型コロナの感染拡大があぶり出した「働き方」の問題について考えてみよう。コロナによるパンデミックは日本の企業に、働き方に関して大いなる挑戦を求めた。それこそが「在宅勤務」の導入だ。これまでまったく経験のない会社も含めて、日本の企業がにわかに取り組みを迫られたのだ。

　リモートワークに対応したZoom会議やTeams会議の実施を促され、その結果、社員が毎日出社しなくとも、会社はある程度は回る、ということが証明されてしまった。

　とはいえ僕は、全員が毎日出社せよ、とまでは言わないけれど、会社に来るということにはそれなりの意味があり、必要なことなんだ、と主張したい。その理由を説明しよう。

小さな接点をなくすべきではない

　リモートワークによって奪われたモノは何かというと、人間同士の小さな接点だ。

　小さな接点とは何か。テレビ会議であれば、午前11時から12時まで、といった会議の設定時間にだけ画像が映る。人はその時間だけ会話をし、前後の時間には基本的に接触することがない。

一方、会社で人が集まって行う対面の会議では、始まるまでの数分間に「この前の交渉はこんな感じだった」といった情報を共有したり、「今こんなことで困っているから、会議のあとでちょっと相談する時間ある？」と意見交換の約束をとりつけたりする。

　これが僕の言うところの小さな接点だ。それは実に大事なものだったりする。

この小さな接点を奪い取ってしまうと、会社の診断書であるKPIを達成する工程において、ある種の「潤滑油」が失われてしまうと思っている。

　表情、声色、ちょっとした思いやり、笑顔や冗談……。人が人と対面する時に生じる小さな接点には、肩の力が抜けたやりとりがつきものだ。

　人間は「群れ」の生き物であり、感情豊かな生き物だから、五感や心の動きで仲間を意識し、群れの一員としての存在を確認する。それが組織の中で仕事を進めていくうえでの潤滑油となる。だがモニター越しの会議だけでは、そうした接点を実感しにくい。

　確かにリモート会議はアジェンダに沿って整然と進められるから、仕事の内容の整理ができるという点では良いものだと思う。すでに顔を映さない会議すらも常態化しているほどだ。

　僕も対面の会議に大いなる無駄があるのは承知している。だから今では、リモート会議の方が議論の中身が濃い、という人

もいる。でも僕はそれを全面的には信用できない。モニターでは相手の顔色や反応が十分にわからないからだ。

　もちろん、順番に報告をするだけの単なるプレゼンであれば対面である必要はないだろう。これらの会議の運営方法をめぐる議論は、どちらがいいか悪いかという選択ではなくて、その会議の目的が報告なのか、ブレストなのか、意思決定なのかによって、望ましい形が規定される、ということなのかもしれない。

　例えばAI（人工知能）を利用すれば、こんな会議スケジュールの策定が実現可能になるのかもしれない。

　500人規模の会社で、事業内容ごとに、会議の履歴をすべて入力する。その会議内容と、実際にみんなが会って対話している内容を照らし合わせて、1週間のうちに出社すべきスケジュールを事業部ごとに組む。人事は月火水、営業は月水金、といった具合だ。そして、毎月第3週は全員がそろわないといけない、といったルールを作る。

　こうすれば、毎日会社に来なくていいし、潤滑油をなくすわけでもない。

　いずれにせよ、問題の本質は、会議の質がどうやったら上がるのかを考えることだ。

本当の「働き方改革」とは？

　BLM（Black Lives Matter）を主張する黒人の人種差別撤廃運動などを契機として、ダイバーシティ（多様性）の意識が徐々に高まってきたが、コロナはそうした運動を凌駕する勢いで、働き方のダイバーシティを一気に浸透させた。コロナは人種を選ばないからね。

　人と会社との関わり方は多様性を増している。既存のルールや規律を一方的に従業員に押しつける会社のあり方は変更を余儀なくされている。会議をめぐる議論は、その一断面にすぎない。

　会社に行くべきかどうかの議論は行動心理学者らをも巻き込んで盛んに行われている。

　在宅か出社か──。実はこうした二者択一ではなく、もっと不規則なつながりでもいいんじゃないかと思っている。

　会社のプロジェクトを進めるために組織した15人のチーム全員がネットでつながっていて、ゲームをするかのように話をしながら仕事を進める。時々アジェンダに沿った会議をして、たまにはオフ会のように対面する。そんな具合だ。

　アマゾンはグローバル規模でいつもみんながつながっていた。

　午後6時にオフィスの電気は消えるかもしれないけど、仕事の後に子供のバスケットボールの試合を見に行き、そこから業

務の進捗状況をメールしてくる社員がいたり、家族の集まりでピザを食べてから会社に戻ってくる社員がいたり。こっちは夕飯中、相手は朝食中で簡単な相談事をするなんてことも多々あった。

　日本人のように「会社にいなければいけない」という強迫観念によって出社するのとは、ずいぶんと違う働き方がずっと前から実践されている。

　コロナは、仕事とは物理的に会社にいることとイコールではない、ということを気づかせてくれた。反面、それをどうやって査定するのか、という実務にまでは、まだ考えが及んでいないのも事実だ。

　終身雇用を基本とし、会社に来る人たちを減点方式でしか査定してこなかった旧来型の会社の本音は、リモートワークなどはやめて、昔のルールに戻したい、といったところではないか。

　じゃあ、はたしてコロナによって働き方の改革は進んだのだろうか。

　働き方改革とは、残業をしないということではない。「仕事の評価の仕方」を改めて整理することだ。

　目標と目的に対してのKPIを整理して、それを共通言語によってみんなが理解しなければいけない。

　ここで忘れてはいけないのは、在宅勤務ができるようになったのは、一部の恵まれたホワイトカラーだけということだ。

在宅勤務をしながらネットで買い物をできるが、その荷物を届けてくれるドライバーがいる。ずっと家にいたら息が詰まるから、とどこかに出かければ、運転士が動かす電車に乗ることになる。これらのドライバーや運転士は在宅勤務できない。

　つまり組織に属した人であっても、職務によって仕事の環境は大きく異なる。これを無視して、在宅か出社かという二択の議論を進めることには、ある種のおごりを感じてしまう。

　仕事にはスキル（技能）とファンクション（役割）があり、その違いを度外視して一様に働き方の改革を議論することはできないんだ。

　職種、職制を改めて整理して、それぞれの評価制度や人事の仕組みを見直さなければならないという課題を、コロナは経営者に突きつけたのだと思う。

5
章

ダイバーシティ
を考える

OBSESSION
こだわり抜く力

01

エプソン工場のチーム作り
その1

▼

異文化コミュニケーションと多様性

　僕はアマゾンジャパンに入る前に、アメリカで自動車など複数のメーカーに勤務した。日系アメリカ人というマイノリティーとして、どうすれば白人社会で認められるのか、ということを考えながら実務経験を積み、やがてオレゴン州ポートランドにある日本の精密機械メーカー、エプソンの工場長に就いた。

　エプソンに勤務するのは2度目。最初は大学卒業後まもなくの時期で、アルバイトとして始めて、後に正社員として2年ほど働いた。その時は技術関係のマニュアルを翻訳したり、部品調達のためにアメリカのメーカーを回ったりするのが仕事だった。

　今度は現場を率いる立場で入社し、工程管理のあり方、もの作りの基礎、人を導くリーダーの心得のすべてを学んだ。ここでの体験は後年、アマゾンジャパンでも大いに生きた。

　エプソンは不思議な会社だった。今まで関わってきた会社で最も偏見のない、おっとりした社風だった。技術系の集団だからなのか、ロジック思考でとても居心地の良い会社だった。

そして赴任してきた技術者や本社の人たちから様々な教育を受けた。エプソンで働いていなかったら僕はアマゾンで結果を出せなかったと思う。

　エプソンの工場で学んだことのうち、最も深く心に刻まれたのは、異文化コミュニケーションと多様性を受け入れることの大切さだった。
　オレゴン州の白人社会はちょっと複雑で、選挙ではリベラル派が強いが歴史的には保守系だ。工場が位置する州西側は黒人の人口は少なかったけれど、メキシコ系、ベトナム系、韓国系、インド系が混在していた。
　ポートランド工場には勤務する人たちのヒエラルキーが明確にあった。
　権力を握っているのは赴任者である日本人。管理職、技術職はほぼ全員が大学を出た白人。現場で作業に従事している人たちはインド系、ベトナム難民、カンボジア人、韓国系移民、そして管理職には就けない白人。
　露骨な差別はなかったにしろ、水面下の差別は常にあった。自分たちは絶対に偉くなれないと思っている層の間では、赴任者に対する陰口も交わされていた。

　ところがそこに僕が入ってきて、2つの衝撃が工場内に走った。工場長に日本からの赴任者を送り込まないのは、日本の本社がこの工場を見限ったからではないか、という疑念。これが1つめの衝撃だ。2つめは、現地人でも工場長になれるんだ、と

いう驚きだった。

　ポートランド工場はエプソンが米国に作った初めての工場であり、赴任者のステップアップの場所だったのだ。現地人を工場長にしなかったのはエプソンの偏見ではない。

　本社とのやりとりは日本語、技術的な相談、特に品質に関係する知見も日本語。そういう環境の中で誤解が生じ、不良品を作ってしまうことへの懸念が一番だったと思う。

　ポートランド工場ではかつて生産していたプリンターに代わり、当時はインクを量産していた。

　エプソンは印字品質にすごくこだわるメーカーで、質の高いインクやカートリッジの生産に定評がある。僕が以前、製造や品質保証を手掛けてきた自動車工場などの組み立て技術とは違って、インクは要素技術で差別化する製品だから勝手がまるで違った。

　例えばインクカートリッジの品質は印刷するまで良いか悪いかがわからない。つまり品質検査ができない（これは後日のアマゾンの配送サービスを作り上げるのに参考になった）。

　高品質を保つためパッケージを真空に保つなど様々なノウハウを用いるのだが、数多くの工程がある中で、微量のホコリや静電気によってすぐに不良品が出てしまう。

　ポートランド工場は不名誉なことに、めちゃくちゃ不良品が多い工場だった。工程管理に問題があることは着任してすぐにわかった。

インクカートリッジは100万個あたりに含まれる不良品の数をDPM（ディフェクトパーミリオン＝不良率）という数字で表す。僕が赴任した時は1万8000とか2万2000とか出てくる日もあった。

日本の工場では当時1200くらいだったからケタが1つ違った。日本国内をはじめヨーロッパ、メキシコ、アメリカなど世界各地の工場の中でもバカにされているような状況だった。

要素技術の塊である生産現場の管理に当惑していたところに、数カ月して日本から技術畑のベテラン、Sさんが赴任してきた。

最初のうちSさんは、従業員のモチベーションが低い中で、利幅の薄いインクカートリッジの生産性向上を図る手立てに難しさを感じているようだった。

そのうち僕は、日本の会社の品質への執拗なこだわりについてSさんに疑問をぶつけたり、不良品が1万以上あっても採算と利益率がとれるコストの組み立て方を一緒に考えたりするようになった。

非現実的な目標へのチャレンジ

そんなある日、日本の本社が「エプソン品質キャンペーン400DPM」を打ち出した。本社の伝説の専務で製造責任者のMさんが提唱したのだという。世界共通の目標、ビジョンだよ。

日本でも達成できるかわからない。ポートランド工場にとってはあまりにも非現実的な数字だ。Sさんは「できなくてもいい

んだよ、会社全体の目標なんだから」と言ってくれた。

　でも僕は「たとえ目標が達成できなくても、その目標に向けて努力することが重要なんだ」と考えていたので、無理を承知で現場に目標を示した。

　すると3カ月ほどたったころ、白人のエンジニアたちが「達成できない目標を出すのはおかしい」「ロジックを本社が見せるべき」「誰がそのロジックを説明するのか」と猛然と反旗を翻したんだ。

　Sさんは僕に「これはスローガンなんだから、そこまで一生懸命考えて達成する必要はないのに」と言う。

　だから、僕はこう説明した。

　「そこが日本人とアメリカ人が違うところなんです。日本人は指揮命令の責任者は不在で、精神論とスローガンでみんなが動く。でもアメリカ人はそうではない。目標が出たからには必ず責任を負う人がいて、その責任者は達成への道筋を示す必要がある」

　Sさんは、この説明に刺激を受けたようだった。しばらく考え込んでいたけれど、突然こう言い出した。

　「よし、1回でいいから、400出してみようぜ。俺たちのためにやろうよ」

　え？　何で急に前のめりになってるの？　最初は僕も驚いた。そしてその時に赴任していた他の日本人若手技術者たちもこの話に乗った。

工場は1日に8時間ずつ3シフトで24時間稼働していた。その1シフト、1ロットで400を達成するという目標を掲げ、全員に伝えた。誰かが「1日だけ最高品質になる仕組みを仕込むの?」と質問してきた。事実、不良率は数字を作ろうと思えば作ることもできる。

　だがSさんは断言した。「いや、絶対にだめだ。実力でやらないと意味がない」

　Sさんには意地があったのだ。実はそのころ、メキシコに新工場が立ち上がって日本から視察団がやってきた。Sさんも赴任者の一員として現地に赴いたのだが、まともに相手にしてもらえなかったと怒って帰ってきた。しかも、伝説のM専務も視察団の中にいたのだが、アメリカには立ち寄ることもなく帰国した。

　「製造トップの専務が海外第1号の工場に寄ってくれないなんて……」とSさんは悔しがり、「目に物見せてやりたい。キミはどうなんだ、ジェフ」と言うから、僕もその迫力に押されて「わかった、やるよ。目標を達成させよう」と応じた。

「本社を見返してやろうぜ」

　では、不良率がどん底の工場で実際に僕は何をやったのか。それは、徹底的な5Sと安全管理だ。

　5Sとは①整理②整頓③清掃④清潔⑤しつけ——のこと。日本で生まれた概念だが、海外に輸出され「ファイブエス」として知

られている。

　僕はこれまで働いてきたメーカーでも5Sや安全管理をそれなりに意識してきたけれど、この工場で5Sの意味深さを改めて思い知らされることになる。

　精密機械を扱う工場はお金をかけたクリーンルーム仕様になっている。機械を囲っている部分はクリーン度がさらに高い。精密に組み立てるカートリッジの不良の主な原因は異物混入で、製造ライン内にホコリが入っただけでアウト。だから5Sを徹底しなければならない。

　Sさんがこの点を従業員に改めて説明したが、彼らの顔を見てみると、ふーん……という感じで、モチベーションはなかなか高まらないように思えた。みんながやる気を出さないと困るよね、とSさんと僕は話し合って、従業員の間で品質向上の意識を高める様々な手立てを講じることにした。

　まずは定例会議だ。
　ダメなところを指摘する会議ではない。自分たちには可能性がある、工場には未来があるという意識づけに力を入れた。
　従業員の知識を高めるために、世界のインクの売り上げ規模やコスト比較の内容などを教え、エプソングループの中で自分たちの工場が置かれている立場を、数字を使って詳細に説明した。

　400DPMをやれると信じよう。本社を見返してやろうぜ。そんな感じで従業員たちの意欲をあおった。

僕も最初は半信半疑だったんだけど、みんなに一生懸命話し続けているうちに、めちゃくちゃモチベーションが上がっていくのを実感した。

**　さらに僕は工場のみんなに、キミたちは決して道具じゃないんだよ、ということを真剣に訴えた。**

　ここには難民もいるし、移民もいるし、ラテンもインドもアジアもいて、みんなに家族がいる。つまるところ僕たちの夢は、一生懸命稼いで、家や車を買って、子供を学校に行かせること。いい生活をするっていう夢だよね。じゃあ、その夢を叶えるために、この工場を強くしていこうよ、子供たちの夢を叶えるために工場を立て直そうよ、と。

　僕のこの話はめっちゃ響いたみたいだった。すぐに、こんな声が上がった。「ボス、どうすればいいんです？」

02

エプソン工場のチーム作り
その2

▼

「ビッグマック」で教えた品質管理の重要さ

　エプソンのポートランド工場で、僕とSさんがあの手この手で社員を激励し続けるうちに、インクカートリッジの400DPMという目標達成に向けた社内のモチベーションはようやく上がり始めた。

　とはいえ、白人のスーパーバイザーなんかは「また何か言っているよ」「お手並み拝見」という感じで動かないし、「5Sを徹底しよう」と言ってもピンときていないメンバーもまだ多かった。

　そこで僕は毎朝6時から、朝のシフトが始まる前に工場の掃除をすることにした。

　クリーンルームの床を掃除して、落っこちていたネジなどとホコリを1カ所にまとめた。朝礼で社員にそれを示し、部品がこれだけ落ちている、ホコリがこれだけあったと状況を説明した。

　戸棚にはモノが乱雑に置かれていて、紙の端っこがねじれたままになっている。これが異物混入の原因になるからと、戸棚

の扉を取っ払って整理した。「400DPMは口先だけじゃないんだぞ」と、態度で示したんだ。

　毎朝毎朝、床に這いつくばってネジを探している僕を見て、白人のスーパーバイザーや工場にいた多くの女性たちが、「ボスは本気だよ」と感じ始めた。

　やがて白人の管理職も、現場の作業長たちも、技術の連中も、インド人の集団も、ベトナム人の集団も、中国人の集団も、ラテンの集団も、人種を問わずにみんなが目標に対して動き始めた。相変わらず仲は悪いんだけど、そんなことは二の次だった。

　社員の考えを変えるために、僕はちょっとしたショック療法も試みた。ランチをごちそうするよ、といって30人ほどいた社員全員にビッグマックを買ってきた。ただし、そのうちの1つをあえて肉抜きビッグマックにしておいた。

　ランチが始まって数分すると、あるアメリカ人女性が「私のビッグマック、肉が入っていない！」と騒ぎ出した。わざと肉抜きビッグマックを用意してあったんだ、と種明かしすると、「こんなの不公平。ボス、ひどい」と怒り出した。

　そこですかさず僕は言った。「ふーん、自分が働いている会社の製品だったら、お客様が不良品をつかんでも仕方ないと言うのに、自分は嫌なんだ」

　彼女はなおも、食い下がった。「マニュアルや工程を全部守ったって、不良品は出るもの。だから仕方ないじゃない」──。

　すぐには引き下がらないで主張してくるのがアメリカ人だ。

僕も負けなかった。

　仕方ないという人が作ったら、必ず不良品が出る。なぜ不良品が出たのか、工程をどんどん絞り込んでいって詳細を理解し、改善を図って不良率を減らす。これを数字で理解しながら実行することが重要なんだ、と説明した。

　不良率を減らせ、減らせとだけ繰り返し、それぞれの工程で業務改善のためのルールを作るだけでは足りない。なぜそのルールが必要なのか、なぜ守らないといけないのか、それが彼らにとって得なのかどうかを理解してもらわなければいけないのだ。

意識改革は「爆弾」

　そのうち社員が自主的に不良率低下のための「改善」を始めた。

　ラインのネジがはねやすい箇所の修繕。ゴムのバルブで起きやすい静電気の除去。徹底的に細かいところまで全員が目配りするようになった。

　すると、1万8000あった不良率が徐々に減り始めた。

　僕は工場にでっかいチャートを掲げ、グラフなどで不良内容や不良率をみんなに見せて成果を視覚的に表した。そしてついに1万を切った時、社員の間から「すげえよ」「早く5000を切ろうぜ」いう声が上がり、目標達成の機運が高まっていった。

　製造品質のデータはグローバルでシェアされている。どん底

の工場から届く不良率低下の数字に、世界各国の工場がざわつき始めた。

　最初の1週間は懐疑的だった本社も、1万を切る日が続くのを見て、「何が起きているんだ」と気にし始めた。とりわけ新設されて間もないメキシコ工場の関心は高く、赴任している日本人部長がメキシコ人技術者を引き連れて見学に訪れた。

　「最近頑張っているんだね。どこをどうやっているの」と聞かれたので、「5Sです」と答えた。クリーンルームを見れば一目瞭然だったろう。小さなネジ1つ落ちておらず、整理整頓が行き届いている。

　彼らは、「うちもやらないといけない」と言いながら帰って行ったのだが、真似するのは難しかっただろう。

　不良品を減らすために僕が社員にしたことは、意識改革ではない。

　社員の意識改革？　大きなお世話だ。人は容易に変わらないし、変われない。多様性を受け入れ「個」を大切にする職場であるほど、一律の意識改革なんていう押しつけは爆弾にしかならない。

　意識改革なんていらない。いらないというよりできない。意識改革と関係なく、一定の生産水準を達成している職場は世界中にある。

　トヨタ自動車も、フォルクスワーゲンも、P&Gも、コカ・コー

ラも、マクドナルドも、マイクロソフトも、アマゾンもそう。まったく人種が違う国で違う言語を話しながらその会社の製品を作っているんだよ。それでも優れた現場を実現できるのは、なぜなんだろう。

　僕がやったのは、意識改革ではなく、誰もがわかる仕組み作りなんだ。そしてその仕組みに全員の参加を促した。

　僕はリーダーになるための大前提の条件は想像力だと思う。乗っている車、着ている洋服、履いている靴、日々の様子から垣間見える社員の暮らしぶりに目をこらす。
　朝、子供の支度で髪の毛が乱れているんだな、とか、最近介護があって大変なんだな、とか。そして、社員から、「子供が熱を出している」「娘が初めて出るバレーボールの試合に行きたい」といった要望には、ほぼOKを出した。
　時間給で働いているのだから休んでいる間のお金の支払いはない。一方、空いたシフトはできる人同士で助け合う。
　リーダーが社員それぞれの暮らしへの理解を示すことで、彼らは納得しながら働き方を調整するようになり、やがて自分たちの工場という意識を高めていく。

ついに、目標を達成！

　生産現場に5Sが浸透すると、今度は食堂の使い方がきれいになり、駐車場からはゴミが消えた。1カ月に1度は窓を掃除しよ

うとか、自販機の指紋だらけのカバーを取り換えようといった意見が出てきた。ついには、各国出身のグループが郷土料理を作って他の国の人たちに振る舞うという、交流会も始まった。

　共通の目的である数字を追いかけることを通じて、人間関係で生じる不満を我慢するようになった。

　1年ほどたって、ついに、DPMが3000を切った。うちをライバル視していたメキシコが7000くらい、日本が1500くらいの時だった。

　「この先、もう一段下げるのは大変だな」とSさんがつぶやく。それでまたみんなを集めて、「すべての不良を解析して、要因をつぶそう」と号令をかけた。するとみんなが探偵ごっこのように要因を探し始めた。

　ある時、インド人の女性の長い爪がゴム手袋を傷つけ、それが不良の原因になることがわかった。「ネイルを切りたくない」と言う女性に僕は、「切らなくていいよ。自分の価値の主張をするのは認める。でも、そのために配置換えはしない。指にサックをはめるとか何か対策を考えてごらん」。

　こうやって、みんながアイデアを出し、工場の品質管理は食品の衛生基準並みになっていく。そして、1年半でようやく1000を切った。

　2年目に入ると500、600という数字が出始め、楽勝で日本を抜くようになり、百数十カ所あったエプソンの工場および関連

会社の工場の中で一番品質の高い工場になった。

　そしてある日、技術の担当者が大騒ぎして部屋に飛び込んできた。「ボス！ 昨日、340が出た！ 何回もデータを見返したけど、やっぱり340だよ！」

　ついに目標を達成した。工場全体に歓喜の声がこだました。そして、ヨーロッパや日本から毎週、工場視察団がやってくるようになった。

　絶対に品質改善は無理だと思われていた工場は伝説になり、僕は本社の新年会であいさつを頼まれた。

　Mさんに満面の笑顔で「本当に400切るとは思わなかったよ」と言ってもらった時に、仕事を成し遂げることの幸せを実感した。その機会を与えてくれたMさんやSさんの指導、地元メンバーと赴任技術者たちへの感謝しかなかった。自分は恵まれていた。今度は自分が誰かの成長の機会を作る人になりたいと思った。

　様々な人種、バックグラウンドを持つ人たちが集まる工場でのチーム作りを通して、人はマネージするものではないということ、管理するのは数字であること、そして、リーダーは導く人でなければいけないということを学んだ。

　自分の信じたことをやって結果を出せた僕は、もう一度新しいチャレンジに向かった。そして、アマゾンジャパンに入社することになる。

03

不公平な世の中の 公平なチャンス

▼

価値を認めることこそ、ダイバーシティ

社員を平等に扱う。社員を公平に扱う。どちらが大切なことだろうか。

答えを出す前に、まず「平等」と「公平」の違いについて考えてみよう。

日本国憲法は「法の下の平等」を規定し、すべての人の人権が尊重され、弱い立場の人が不利益を被ることがないよう平等に権利が付与される、としている。ネットで検索してみると、要するに平等とは「全員を同等に扱うこと」、公平とは「特性によって異なる集団や個人が社会的な立場として対等に扱われること」という説明が多く見られる。

僕はこう考える。一番弱いところに合わせるのが「平等」。

例えば、小学校の運動会の徒競走でみんなが同時にゴールする、これが平等だ。

足が速い、遅いという特性の違いは、ここでは考慮されない。そして結果は、皆同じ、ということになる。

「公平」は、違いを認めたうえで、同じように扱うということだろう。そして結果は一人ひとり違ってくる。

　運動会なら同じ条件でよーいドンして、足が速い子が1等賞だ。

　それで良くないだろうか？　1等になれなかった子は、単に駆けっこに限ってみれば、1等になった子に能力が及ばなかった、という話なんじゃないか。

　世の中には「違い」があふれている。持って生まれた能力が違う、住んでいる場所が違う、食べるものが違う。その結果として、給料が違ったり、栄養状態が違ったりする。これは仕方がないんだよ。

　でも他人との「結果の違い」を取り上げて「不公平だ」という人もいる。それで、とにかく結果を「同等にしろ」と。

　でも、そうやって生まれた「平等」は決していいものじゃない。

　大事なのは、自分と他人との違いを認めたうえで、自分の個性と能力を磨いて磨いて、スキルを上げて、価値を高めることなんだ。

　駆けっこが遅くても、誰よりも遠くに飛ぶことができるようになるかもしれない。人の価値は多様だ。その価値を社会がちゃんと認めていく。そういう世の中ならば見当違いな「不公平感」を持つこともない。これこそがダイバーシティなんだと思

う。

結果が出なければ意味はない

　人生のチャンスは本人の能力と努力によって公平に与えられる。これがメリトクラシー（meritocracy＝個人の持つ能力によって地位が決まり、能力の高い者が統治する社会）という、アメリカ人的な考え方だ。

　日本だって明治維新の後にメリトクラシーが導入された。武家や商人といった生まれに縛られない、能力主義を採用した。

　メリトクラシーが強くなると、アメリカのように貧富の差が激しくなる、という批判もある。結果を出さない人は自分が悪いのだからと、誰も同情しない。努力をしないから、本来は公平に与えられるチャンスをつかめないのだと。そういう人には手厚い分配をする必要はない、という考えに至るわけだ。

　この考えは一般的な日本人からすると、少々厳しく、冷たい社会に思えるだろう。ちなみに、運を重視するヨーロッパでは考え方が違う。運がいい人はいっぱい稼いでいるのだから、税金をもっと払って、運のない人に分配しないといけない、という論理になる。

　僕はアメリカ人だから、どちらかというと能力主義。人は、自分の能力に合う仕事を探す好奇心と努力が必要だと常に考えてきた。自分を磨かないでいい思いをしようなんていう発想はあ

りえない。公平を求めるなら、自分も努力しなければならない。

　ただし、**努力だけではだめだ。やはり結果を出さないと周囲は認めてくれない。**

　実は、僕は努力という言葉があまり好きではない。努力自体はお金にならないからね。努力は数値化できないから。

　僕は基本的に自分の部下はみんな努力していると思っている。性善説ならぬ「性努力説」だ。だけどそれを結果につなげる方法がわかっていないなら、どんなに努力をしても成果は得られない。

　だからリーダーが必要になる。

　リーダーの役割は、努力している人たちを導いて、結果を生み出すこと。努力した人に、公平に扱われるチャンスをもたらす役回りともいえる。

　リーダーにはマネジャーの資質も必要、という人もいるけど、僕は同意できない。マネージ（管理）するのは数字だけでいい。人をマネージなんかできない、と僕は考えている。

　言い換えてみれば、経営とは、末端の現場で働いている社員が、無理をせずにやりがいをもって仕事ができる環境を整えることだと思う。

　解決策が見いだせない、進むべき方向がわからない、希望がない、孤独感が強い——。一人ひとりが抱える悩みは様々だ。そんな悩みを抱えたまま離職することがないよう、社員に正面か

ら向き合って、個々人が力を発揮できるように導いていかなければいけない。

「男女平等」という言葉の違和感

アマゾンジャパンに在籍していた当時、「毎日会社に来たくない」という社員がいた。だがそのポジションでは毎日会社に来ることが求められる。「不公平じゃないか」とその社員は言ったけれど、僕はこう諭した。「いや、公平だよ。キミの今のスキルに対して、そのポジションが妥当なんだから」と。そしてこう伝えたんだ。「会社に来たくないのなら、スキルアップして、在宅で活躍できるポジションに移りなよ」

後にその社員はスキルを磨いて、念願通り、頻繁な出社を求められない新しいポジションに就いた。もちろん、会社に来なくても成果を出さねばならないのは言うまでもない。

自分と他人との違いを認識せず、たいした努力もしないのに「あいつの給料と俺の給料を比べたら俺の方が低い。公平じゃないから辞めたい」なんて言う社員も中にはいる。そんな人には、どうぞお引き取りください、と言うだけだ

なお、これは余談だが、僕の解釈では「男女平等」という言葉はどうもしっくりこない。

1つには「平等」というけれど、どこに基準を合わせるのか、ということ。おそらくこの言葉は「男女の機会の平等」という意味

を含んでいるのだろうけれど、それなら「公平」の方がいいような気がする。

　2つめの理由として、男女という性差を前提にしているけれど、この「違い」がステレオタイプの先入観に基づいているとしか思えない。つまり、男はマッチョ、女はひ弱。そんなナンセンスな先入観だ。

　僕は格闘技が好きだけれど、女性の「MMA」（総合格闘技）ではすごいノックアウトシーンがある。シャーリーズ・セロンが女スパイを演じた映画「アトミック・ブロンド」を見ていると、ほとんどの男が彼女と喧嘩したら半殺しにあうんじゃないか、とさえ感じる。

　現代においては知力はもちろんのこと、体力でも男女の間に思ったほど大きな差はないんじゃないか。

　それでもいまだに男と女という2項目にくくってしまうことが、少々時代遅れに思えてならない。

04

女性活躍の要は
人事のプロフェッショナル

▼

すべての階層で、半分は女性であるべき

その会社は社会的にどのような存在であろうとしているの
か。本当に「正しい振る舞い」を心がけている会社なのか――。

ある企業が法人として志す理念、果たすべき正義の目標をい
かに表現するかは、その企業の持続可能性においても重要なテ
ーマといえる。

「我が社はこのように不正を排し、社会に貢献し続けます」と
いう姿勢をわかりやすく伝え、その順守を仕組みとして浸透さ
せる必要がある。

例えば今、日本企業の財務の透明性については、内部統制報
告制度「J-SOX法（日本版サーベンス・オクスリー法）」によって
確保されている。では、組織全体の「正しさ」を推し量る物差し
はどうだろう。

近年、多くの企業が飛びついたのがSDGs（持続可能な開発目
標）だ。

これさえ順守する姿勢を示せば、正しい今社だということが

アピールできる、ある種「便利な」物差しとして受け入れられた。そんな側面もある。

　SDGsに掲げられている17の目標のうち、5番目はジェンダーに関するものだ。そこに「女性のリーダーシップ確保」という項目がある。世界に比して日本企業の出遅れが目立つ、女性の登用に関わるテーマだ。

　その必要性はSDGsが提唱される以前から日本でも喧伝されていた。遅ればせながら、今まさに、多くの日本企業が女性社員の比率向上、女性管理職の比率向上を目指して、あれやこれやと取り組んでいる。

　いうまでもなく、世界の人口の半分は女性なのだから、ビジネスの現場でも活躍する女性の数が増えるのは当然だ。極端な話、僕は会社の幹部から何からすべて、半分は女性であるべきだと思っている。

　そもそも僕には、女性をリーダーに登用しないということは考えられない。

　女性が今よりも多くいることによって気づくことは多々あるだろう。福利厚生などはその最たるもので、男性だけでは気づかないニーズが浮き彫りになり、制度が変わる。

　例えば保育園を総務課自体が開設・運営する仕組みを導入すれば、子育て中の社員の安心感が増し、ひいては会社の多様性が高まる。昭和世代のおやじたちが動かないなら、そのニーズに気づいた若い世代や女性たちが数字で目標を定め、その達成に努めればいい。

人事部長は男性ばかり

　もっとも、僕自身も外資系企業のアマゾンジャパンで働いていた時に、女性登用の難しさに直面したことがある。

　女性管理職の数を底上げするため、あれこれと工夫を試みたが、「昇格は嫌だ」「責任は持ちたくない」と言って登用を拒否する女性が多かったのだ。「のびのび働きたいんです」などと言って断られると、さすがに無理強いはできない。管理職だってのびのびと働くことはできるのにねえ。

　生産労働人口が減り、マーケットも縮小している低成長時代の日本において、いかに新しい商品、新しいサービス、新しいイノベーションを生み出すか。そこで女性の脳みそを活用しない手はない。

　これまでだって炊飯器や冷凍食品の商品開発で女性は大いに活躍してきた。人材も数字も丸ごと背負ってプロジェクトチームを率いるような女性リーダーが増えれば、今までにない付加価値が見いだされ、企業も市場も変わるだろう。

　だからこそ、より女性が活躍しやすい現場を作っていかなければならないんだ。だけど、そうした仕組みを描ける人事担当者が、この日本にどれだけいるだろうか。

　僕が接してきた会社の人事担当のトップは、ほぼすべてが男性だ。人事部長の経歴も多くは似通っていて、新卒で入社した後、労務、組合を経て人事担当になる。

つまり同じ企業カルチャーの中で、人事畑をずっと歩いている。しかも男の方が世の中を牛耳っている、といった発想が根強かった。

　仮に人事部長は男でもいいけれど、せめて優秀な女性の課長がいて、次の部長になれるキャリアパスがなければおかしいんじゃないか。
　本当に現代の女性が求めているニーズをくみ取るのは、やっぱり女性でなければ無理だと思う。

　女性の登用という新しいカルチャーの導入を迫られる中で、こんなモノカルチャーの男性がどれだけ人事の改革に対応できるだろうか。
　どんな時代においても、組織の要は「人」。だから人事にも、より高度なプロフェッショナリズムが求められる。問われるのは社内での職歴ではなく、人事の新たな知見と人材活用のスキルなんだ。
　男だろうが、女だろうが、外国人だろうが、いわゆる人の尊厳と仕事に対する動機づけをちゃんと整理して、説明できる人がプロなんだよ。
　「大学では行動心理学を専攻してMBAでHR（人材）マネジメントを勉強しました。これまで500人の会社の人事ディレクターを務め、次は1万5000人の組織の人事部長をやりました。今回はステップアップして3万人規模の人事を差配するリーダーをやりたいんです」

こんなスキルを持つ人事部長がこの国の会社に何人いるだろうか。

すべては人材評価の透明性から

長年にわたって指摘されてきたように、終身雇用と年功序列が日本の雇用体系の最も悪い習慣だ。勤続年数や年齢を優先し、年功序列による権限を増長させてきたから、個人のスキルを評価して適正に処遇する仕組みがいつまでたっても浸透してこなかった。これは同時に、男性中心の価値観に縛られた人事の固定化にもつながった。

本当の意味で、女性が活躍できる企業にしたいのならば、この雇用体系を根本から改革しなきゃならない。

そのためには、まず人事部のあり方から見直すべきだ。

男女の別なく、個人のスキルと成果を客観的に評価する仕組みを整えれば、男性偏重とか、無理のある女性の登用といった恣意的な人事は徐々に姿を消す。女性の人事担当トップだって当たり前のように生まれるだろう。

結果的に人材評価の透明性が確保され、社員も公平さを実感できるようになる。自己評価や自己承認に飢えている若い人にも信用される会社になるはずだ。

「のびのび働きたい」という女性も、管理職への登用に尻込みしなくなるんじゃないだろうか。

昔、4人しかいない小さな事務所を運営していた時、会計処理

を担当していた女性が結婚して、妊娠した。それで赤ちゃんが生まれて5日目くらいに「明日から会社に来るから」と言ってベビーベッドを事務所に持ち込み、翌日からオフィスで子育てを始めた。

「ミルク作るから、ボス、お湯を沸かして」などと言われて、みんなでその子を育てた。

もちろんこれはごく小さなオフィスの話だし、日本のオフィスなら物理的に無理があるだろうけど、僕が感じているのは、日本は、妊娠や出産を大げさに考えすぎているんじゃないか、ということだ。育休を取るなとは言わない。でも、ずっと休むという考え方でなくてもいいんじゃないのか。

白黒付けなければならない、と言わずに、個々人の考えで好きにさせるという経営判断が求められている気がする。

そして女性たちも、自分が女性っていうことを考えすぎないことだ。性別に対する「アンコンシャス・バイアス（無意識の偏見）」が問題にされるけれど、気をつけなければいけないのは、アンコンシャス・バイアスを武器のように使う女性もいるということ。「私は女だから弱い」、だから大事にされたい、と。

まあこれも、日本では「女性が強くなってもいい」というメッセージが少ないせいだと思っている。

05

多様性に振り回されるな

▼

ダイバーシティに向き合うための視点

　今やどんな企業にとっても、ダイバーシティ実現への取り組みは必須となった。

　生産労働人口が先細る日本では、女性活躍推進やシニア雇用など、幅広く人材を集めて働きがいのある職場を作り出す努力が欠かせない。

　だが、長きにわたってモノカルチャーが浸透してきた日本企業の経営者たちが、多様性に満ちた職場の具体的なイメージを思い描くのはなかなかに難しい。

　とりわけ、どう対処していいのかわからない、と困惑する声が聞かれるのが、社員のセクシュアリティに関わる課題、LGBTQへの向き合い方だ。

　ソニーが同性パートナーを持つ社員を福利厚生の対象にしたり、パナソニックが同性婚を認めたりと、性の多様性を尊重する企業は徐々に増えている。

　とはいえ、このテーマをめぐる課題解決の取り組みについて

は、日本の企業社会はまだ過渡期にあるといえる。社員自身が率直に自身のセクシュアリティを尊重してもらえるよう、会社と対話することはまだ難しいかもしれない。

多様性の課題に向き合う際に、ぜひ心に留めておいてほしい一つの考え方を提案したい。

あらゆる課題に共通することだが、第一には当事者と、周囲の社員らという様々な「人」の不満を広く解消する、という視点をしっかりと据えること。

さらには、会社であれば「仕事」の遂行を判断の軸にする、ということだ。

これを守りながら、解決策を探ればいいのではないか、と思う。

LGBTQの件ならば、まずは彼らが差別を受けていると感じる状況をなくすことだ。同時に、それによって周囲の人が不満を抱かないように配慮するんだ。

組織運営と多様性は別物

アマゾンジャパンにいた時には、様々な事例を経験した。例えば、女性用トイレと男性用トイレに対する不満について声が上がった時のこと。LGBTQの社員が女性用トイレを使いたい、男性用トイレを使いたいと極端な方向に話が進みそうになった。

僕はこう言った。

　「ちょっと待った。客観的にみれば、キミたちは少数派なんだよ。うちには多目的トイレがあるじゃない。個室なんだし、そこを使ってくれないだろうか。女のトイレに行きたいとか男のトイレ行きたいとか、ほかの社員の負担になることを言うのはやめてほしい」

　女装が是か非か。そう聞かれた時にはこう言った。

　「いいよ。うちはキミの性癖を認めるよ。別に否定はしない。でも、お客様のところに行って、お客様がどう思うかまではうちはコントロールできない。外に行った時に不利になるかどうかは自分で考えること。キミを社会に認めさせるのはうちの仕事ではないからね」

　ある時、1人の社員が社長室にやってきて、「僕はゲイなんです」と打ち明けてくれた。「ふーん。どうして僕に言うの？」と聞いたら、「噂話として耳に入れたくないからです」と言う。それから、「髪の毛を伸ばしていいですか」と聞いてきた。「好きにしてくれ。仕事だけしてくれればいいよ」と僕は答えた。

　彼は、自分が周囲から変な視線で見られるかもしれない、ということに少し神経質になっていた。変な視線というのは客観的に記録しにくいし、裁判では証拠になりにくい。僕はこう伝えた。

　「例えばキミが暴言を吐かれたり，性的差別を受けたのなら、

誰がやったのか報告しなさい。ちゃんと対応する」

　どう対応するんですか、と彼から聞かれたから、「基本、クビだな」と即答したら彼はびっくりしたようだった。「本当に？」
　簡単だよ。どんなに優秀と言われる人だって、そんな差別を口にした時点で優秀ではない。そんな社員はいらないのだ。

　LGBTQの中には時々、自分は特別だと思っている人がいる。彼もそうだった。「勘違いするな。キミは全然特別じゃない。ゲイが特別だと思うな。僕が差別的意識がないのは、人間みな平等だとか唱えているのではなくて、理屈を整理するのが難しいと思っているからだ。違うと考えた時点で、なぜ違うのかを説明できないと整理できないじゃないか。個々人のセクシュアリティは会社が関知することではないよ」

　個々人を尊重するために多様性を大切にする。これには全面的に賛成だ。
　でも多様性を受け入れさえしたら会社が成長するのかといえ
ば、答えはノーだ。

　個人的な価値観の容認が、事業の拡大に直結するわけではない。本来、考え方や生き方はその人個人のもので、他人が侵すものではない。だが、こと仕事の遂行においては、誰か1人が自分の価値観だけを正当化し、他者の価値観とぶつかり合ってしまえば、会社の業務において弊害にもなりうる。

あくまで「仕事」を軸に、一人ひとりの価値観をどこまで許容するのかを経営者は判断しなければならない。組織運営と多様性は別モノと考えないといけないのだ。

6章

会社の成長、
自分の成長

OBSESSION
こだわり抜く力

01

サイエンティストが
経営を変える

▼

科学者の視点を持て

アダム・グラントというアメリカの組織心理学者が、人間の思考について書いた本「THINK AGAIN」に共感した。彼はこの本の中で、人の思考には牧師（preacher）、検事（prosecutor）、政治家（politician）の3つのモードがあると指摘している。

牧師は、自分の意見、信念を守るためにその正当性を一生懸命訴える（説教する）人。検事は、相手の意見がおかしいと思えば、その誤りを批判して自分の意見を正当化する人。政治家は、自分の味方を増やすために相手の意見をうまく取り入れながらまとめようとする人。人間は立場や場面によって、無意識にその3つのモードをぐるぐると切り替えている、というのだ。

人はいずれのモードにおいても、もしかしたら自分が間違えているんじゃないか、と再考する機会が失われてしまう危険性があるという。自分が正しい、という思い込みにはまってしまうわけだ。そこでアダム・グラントは、もう1つ、持つべき重要な思考モードを挙げている。それが科学者（scientist）のモードだ。

科学者は自分の思い込みにとらわれず、謙虚に自分の見方を疑いながら、何度も客観的な実験を繰り返して再考し、真理に近づいていく。そうした思考法を身につけた結果、新しい知識を見いだすことができると説いている。

　興味深い事例は、大学生たちが直感で答えたテストに関して、「Think again」、もう1回考えなさいと言って、答え直させたケースだ。するとほぼ皆、成績が良くなったという。

　最初に挙げた牧師も検事も政治家も、自分の最初の答えが正しいと信じている。でも、ここに科学者の要素が加わると、論理に照らし合わせて、自分の答えが正しかったかどうかを検証できる。そして、自分の誤りに気づき、より正しいと思える答えにたどりつけるんだ。

　最初に挙げた3つのモードを経営者のタイプと照らし合わせてみよう。

　ワンマンな創業者は牧師、サラリーマン社長は派閥のバランスをとる政治家にあてはまるだろう。親がやってきたことを全否定して家業を継いだ2代目は検事、といったところか。

　注意すべきなのは、これら3つのモードだけで経営に臨んだ場合、えてして感情のぶつかり合いを招いてしまうケースがある、ということだ。過去に経営陣がギクシャクした事例を顧みると、そんなケースがいくつも見つかる。

　だから、科学者の思考が必要なんだ。会社は実験室。

経営者はあたかも科学者のように、あくまでデータに基づき、アイデアや考えの正否を判断したり、考え直したり、修正したりする思考回路を備えていなければいけないんじゃないか、と思う。

「PDAC」でやってみよう

　ところで事業計画の実行プロセスとして、日本では相変わらず「PDCA」が重視されることが多い。PDCAとはPlan（計画）→Do（実行）→Check（評価）→Action（改善）を繰り返し行うことで業務改善を促すやり方のことだ。もとは1950年代のアメリカで、品質管理のために提唱されたのだが、いつの間にか経営の場においても盛んに使われるようになった。

　事業計画書を立てる→実行する→結果としての利益や工程を解析する→そのまま継続するか修正する→最初に戻る。この一連の実行プロセスについて僕は、本来の目的である生産ラインでの運用を超えて、経営全般にあてはめるのは妥当でないと思ってきた。

　僕が提唱したいのは「PDAC」だ。ここではPとDの定義も違う。Plan（仮説）→Do（実験）→Assess/Adjust（評価／適合）→Correct（正す）としたい。

　そしてここでは科学者の思考が重要な役割を果たす。

　まず事業のPlan（仮説）は会社の成長や利益率の向上を前提

として立てる。その仮説を実現するためにDo（実験）を繰り返す。実験の結果はKPIなどのメトリクス（metrics＝定量化された数値や指標）を通じて検証し、客観的に事業の進捗の成否を判断する。

　新商品を投入する場合、この5年間で売れたものについての営業の仕組みやマーケットのニーズ、プライシングなどを整理して、利益率を上げる、コストを下げるといった実験を繰り返していく。

　実験の条件は正しかったのか。課題の分類は正しかったのか。工程が正しかったのか。「できていること」と「できていないこと」を整理して、できていないことを洗い出す。データをしっかり取ればAssess（評価）ができる。

　それを正して、Doにもう一度立ち戻る。

　例えば、コーヒーの売り上げを伸ばす（仮説）→ブラック、モカ、カフェオレなどセレクションを増やす（実験）→売れているものを見てバリエーションを増やす（評価／適合）→伸びているかどうかを確認（正す）というサイクルで、伸びが達成できていればいいし、できていなかったらまた実験して工夫をする。

　PDCAが標準作業を効率化し、品質を上げるための思考法であるのに対して、PDACは付加価値を生むためのプロセスだ。

中間管理職こそ、論理性を

　以前、出張先のビジネスホテルで、会社に対する愚痴をYouTubeで延々と語る営業職の女性の動画を見た。

　ひたすらアポイントをとって一生懸命に企業訪問するけれど、結局、契約がとれなかった。それを上司に報告するのが嫌で、ビールを飲みながら、会社に行きたくない、などとやっているんだけど、これはよくある光景だろう。

　上司からは結果に対する助言がなく、毎回「頑張れ」の言葉だけ。彼女は報告する時間をとにかく短く切り上げたいから「すみません、頑張ります」で終わり。ディープシンキングがどこにもなく、同じことを繰り返す。

　ここで上司がするべきことは科学者になって問題を共有し、仮説を基に改善していく協力体制を社員と作ることだ。それには忍耐が必要で、業務に対する圧倒的な知識も求められる。

　ここで絶対にしてはいけないことは、部下を無視することだ。「論」で攻める検事になってもいけない。

　組織では皆が科学者になることを心がけるべきだ。
　マーケットもお客様も働いている人も全部含めて、企業が相手にする社会は人間の集まりで成り立っている。言い換えれば、統制しきれない、不確定要素の集まりだ。社長が牧師の感覚で、一定の教義を振りかざしながら経営をしようとしたって、それは無理というものだ。

昭和世代で価値観の凝り固まった上司と、思考回路がまった
く異なる若手の間に挟まれた中間管理職は、とりわけ科学者然
として、感情に流されず、客観的な数値を駆使しながら上司と
部下を説得できる論理性を身につけるべきだ。

　こう考えてみると、科学者になれる人は、すなわち自分のス
キルのマーケットバリューも客観的に判断できる人、といえる
のかもしれない。

02

リスキリングを
「はやり」でやるな

▼

会社の中で「生かし切る」仕組みを

ここ数年の間に、経済界で急速に普及した言葉の1つが「リスキリング（学び直し）」だ。デジタル化の進展などによって働き方が大いに変わる中で、新しい仕事に対応できるスキルを身につける「学びのススメ」が政府レベルでも提唱されている。

企業や組織が学習の場を提供し、社員は業務時間内に新たなスキルの習得に取り組み、それを新たな仕事で生かす、という具合だ。

けれども僕は、本当にそんなことを日本の企業でできるのか、という疑問を抱いている。なぜって、日本では社内教育の環境がそれほど整っていないからだ。

リスキリングは労働市場の変容をめぐる世界的な危機感に端を発し、クローズアップされた概念だ。

マシンラーニング（機械学習）やAI（人工知能）の普及によって、とてつもない数の人々、とりわけホワイトカラーが仕事を失うという未来予想が、あっという間に現実のものになりつつある。銀行の窓口業務が機械に置き換わっていくように、取っ

て代わられる職種はどんどん増えている。

　だからといって、昨日までオフィスで経理の仕事をしていた人が、明日から工事現場の仕事に就く、というわけにはいかない。国家レベルでみても、ホワイトカラーがきちんと稼いでくれないと税収が減ってしまい、経済が回らなくなって成長が止まってしまう。

　こうした課題に企業も対応しよう、というのはわかる。だが、多くの日本企業が掲げるリスキリングの中身を見ると、中高年層にデジタルスキルを学ばせるケースが圧倒的に多い。

　じゃあ、そこで得たスキルをその会社の中で生かし切る仕組みは果たしてできているのだろうか。

　同じ程度のデジタルスキルを持ったものの、それをどの職場で生かせばいいかわからない、という中高年社員があふれることにならないか。そこは社員が自分で考えろ、というのかい？

　それぞれにどれだけのスキルを習得させ、その人たちをどんな職場に配置して価値創造に生かすか、という構図を企業自体が描いておくべきなんじゃないか。

　僕が思うに、リスキリングは、自分の能力と知識を向上させるステップアップのためのもの、アップスキリングでないと価値がない。それは通り一遍のデジタルスキル習得ではないはずだ。

　この点を理解していないと、せっかくの日本政府の支援策も企業の成長にはつながらなくなってしまう。

例えばDX（デジタルトランスフォーメーション＝デジタル変革）によって、今まで100人でやっていた仕事が60人でできるようになったとしよう。さあ、40人分の給料が浮いて利益率が上がった、と喜ぶような経営者は想像力があまりにも欠けている。

　その40人にプロジェクトベースでリスキリングを施し、特定の能力をつけて事業を立ち上げる、というのが経営者が考えるべき戦略であり、そのためのリスキリングなんじゃないか。

　国がリスキリングを推奨するなら、新しい産業、新しい価値を創造するレベルまで考えないと、ちょっと寂しい。

　まあ、デジタル化がとてつもなく後れている日本なら、今程度のリスキリングでも仕事はいくらでも生み出せるかもしれないけどね。

常にスキルアップし続ける

　言わずもがなだが、リスキンリングは「はやり」だから取り組むものではない。特定の時期に取り組むものでも、もちろんない。

　<u>環境は絶えず変化しているのだから、自分の組織とメンバーのスキルをアップし続けていく取り組みは常に必要なんだ。</u>

　ではアマゾンではどうだったのか。最近は巨費を投じて社員のアップスキリングに取り組んでいるけれど、僕がいたころはまるっきり本人任せだった。大げさではなく、アマゾンの事業スピードについていくだけでも、十分スキルアップにつながっ

たんだ。新しいアイデアを生めない、新しい工程を作れない、新しい事業に対する効率性を確保できない社員は、容赦なく置いて行かれてしまう厳しさがあったからだ。

　アマゾンジャパンは中途採用が多い。彼らは自分の能力を売り込んで入社した人たちだから、さらに勉強したい、と思えば、自分の金と時間を投じることに躊躇しない。それが当たり前と思っている。

　そこで、会社として金は出さないが、せめて時間は合わせてあげるようにした。

　例えばビジネススクールに通っている人が、授業や試験のため特定の日は遅くまで仕事ができない、と申告すれば、すべてOKにした。向上心を持って頑張っている仲間をみんなで支えるという風土があった。

　ほかにも、物流倉庫で働いている人が、サプライチェーンのことを理解したいとか、ファイナンスを勉強したいとか申し出たら、当該部署に紹介して面接をしてもらった。そこで条件などが折り合えば、実際に異動することができた。

　社内の別の部署に移れば、それだけでアップスキリングできるチャンスが得られる。

　人事が慣例に従って多くの人を各部署に振り分ける日本の企業とは違って、個人の意思も尊重されるのだ。

　アメリカでは社会人が大学で様々なプログラムを学べる環境が整っている。最も有名なのがMBA（経営学修士）だ。

コーネル大学ジョンソン経営大学院がファイナンスのMBAで有名なように、今はスクールごとの特性が顕著に表れ、それぞれに学びのプログラムが充実している。

　社会人を受け入れる仕組みはMBAだけではない。どこの都市にも市民大学が存在し、多種多様なクラスを提供している。授業料は安く、移民で英語力が弱い人が最初にドアをノックする場所になっている。

　日本にも多くのMBAスクールが存在し、様々な企業が膨大な数の社員を送り込んできた。だが、実際にMBAのキャリアを背景に経営幹部になった人がどれだけいることだろうか。

　せっかく会社がスクールで学ばせているのに、そこで得たスキルがキャリアアップにつながらないなんて、まるっきり意味がない。

　なぜこんなことが起きているのか。理由は簡単だ。
　高水準の知識を得た人をどう使っていいのか、どう評価していいのか経営陣がわからないからだ。

　リスキリングは業務に役立つ実践的な「学び」であることが大前提だ。そして、学ぶ本人にもその本質を追究する姿勢がなければ意味がない。

　経営陣の仕事は、こうした学びで個々人が得たスキルを、あますことなく価値創造に注ぎ込める道筋をきちんと整えることなのだ。

03

規制を突破
「置き配、絶対やる」

▼

楽しみながら、歴史を作る

「Work hard, Have fun, and Make history」
一生懸命働いて、楽しみながら、歴史を作ろうぜ！

これは、アマゾンの社内に浸透していた合言葉だ。さすがに「Work hard」は、働き方改革が叫ばれる今では使いにくいからか、あまり口にすることはなくなったようだ。

それでもこの合言葉は、アマゾンを成長させた原動力であり、社員が共有する強い意識を表現するものであったと僕は思っている。

アマゾンでの仕事は本当に楽しかった。人との接点のあり方も、仕事の仕方も、日本の他の会社とはまったく違った。楽しみながら何かを生み出す、そんな風土が息づいていたからだ。

「Have fun」というのは何もパーティーを楽しもうというわけではない。

一生懸命仕事をしながら、仕事を楽しむ、学びを楽しむ。一人ひとりのそんな姿勢が、やがて市民の生活を変え、歴史を作

ることにつながっていく。

「Work hard, Have fun, and Make history」は、ラグビーでよく言われる「One for all, All for one（1人は全員のために、全員は1つの目標のために）」のような、目標を端的に表した簡潔な言葉だ。世代の違いを超えて、一人ひとりの心に刺さる優れた合言葉だと思う。

置き配というイノベーション

僕はアマゾンジャパンで、在庫の管理に関わる新しい仕組みをたくさん作った。空いているスペースをその都度探すのではなく、事前に交通整理をして、使える棚と使えない棚を色分けする手法を導入したのも日本。当日配送を始めたのも日本だった。

置き配（荷物を玄関などに置いて届ける）――これは日本が最初ではないけれど、日本に定着させたことはまさにイノベーションであったといえる。

2019年、置き配のスタートは、記者会見を開くほどの大ごとだった。ここに至るまでには、いくつものハードルを越えねばならなかった。日本の規制の厳しさを身をもって知る日々が続いたよ。

アメリカでもヨーロッパでも、お届け物を玄関先に置いていくのはごく当たり前のこと。かなり前から普通の配達方法とし

て認知されていた。あれだけモノが盗まれるリスクがある国々でもね。だから日本でも当然、置き配をしておかしいことはない、と思っていた。

　ところが国土交通省が頑として認めなかった。配達というサービスは、荷物を送り先に届けたことを確認できないと責任を果たしたことにはならない、というのがその理由。この役所とのやりとりは難航した。

　実は置き配って、以前から日本にもいくつかあった。例えばヤクルトがそう。牛乳配達だってそうだ。

　ただし、ヤクルトや牛乳は荷主である乳業メーカーなどが配達している。つまり、何かあった時の責任を荷主がとるという形だから許されているんだ。

**　そこで僕も、アマゾンが荷主として置き配する、と宣言した。**
　何か事故があったら、アマゾンが返金するし、代替品も送る。物流を担う会社には、各社が勝手にやるのはダメだけど、うちが荷主として責任をとるから置き配していいよ、と告知した。

　でも役所の担当者は延々とダメ出しを繰り返す。さすがにヤマト運輸も、国交省から言われると……と消極的になった。
　役所は配送、運送を管理する立場で、消費者の利益を守ること、荷物の安全を守るのが彼らの責任だから、その主張もわからなくはない。でも、アマゾンが責任をとるのだから、大きなお世話だ。荷主が置き配をするのはだめだという条例はない。

僕はウチの専務に「絶対にやる」と改めて決意を示して、外部からの疑問には僕が何でも答えるから陣頭指揮をとってくれ、と命じた。

　そのころ、当時の安倍晋三首相は、再配達が日本の経済負担になっている、と問題視していた。首相がドライバーの負担を減らそうと言っているのに、なんで役所が邪魔をするのか。根本的にこちらに理がある、という信念を持って交渉を続け、なんとか役所を押し切った。

　さあ、いざ置き配を始めたら、さっそく「荷物が盗まれた」というクレームが入った。返金や代替品で対応しても、国交省からすぐに連絡が入る。「ボス、毎日クレームが来ています」と部下は神経過敏になっていたが、僕は動じなかった。

　置き配がどれだけ消費者の利便性を高めているの？　うちはお客様第一主義だよ。1日250万〜300万人のお客様のためにも続けるんだ。そう言って現場を鼓舞した。

　そもそも日本で置き配を始めようとした時、こちらの状況をシアトルの本社に伝えたら、なぜ日本みたいな安全な国でできないのか、と話題になった。「ジェフがやりたいんだろ？」。そう聞かれたから僕は断言した。「やる」

　正直、記者会見まで開くことになったけど、何を騒いでるの？　という思いだった。世界的には目新しいことでもなんでもないのに……、とニュースになるのが不思議だったぐらい

だ。

　業界の慣習を破って新しいサービスを生み出す努力は、会社
と自分の成長を促す原動力であり、困難があってもやりがいに
満ちた楽しい仕事だ。

　置き配の開始にこぎつけた体験は、ある意味、痛快だった。

「時計を作る人」と「時間を記録する人」

　置き配を始めた2年後、僕はアマゾンジャパンを辞めた。

　16年も働いているうちに気がついたからだよ。アマゾンジャ
パンはとんでもない大企業になった。まだまだ成長の余力があ
ったけれど、ベンチャーの気風はいつの間にか減っちゃったよ
なあ、と。

　組織が少々役所っぽくなってきたので、もう僕には向かない
かな、と思い始めたんだ。僕のように昔からいる同僚たちも、こ
の時期に結構辞めた。

　アマゾンジャパンは、言うなれば組織が「会社」から「国」のよ
うな規模にまで成長した。これに伴って社員の顔ぶれが変わ
り、役人のような人が増えた。もちろん、これだけのでっかい組
織を動かすんだったら、そういう人たちがいなければならな
い。

　例えて言えば、僕は「時計を作る人」でありたかった。新しい

<u>仕組みを作る役回りだ。</u>

でも、巨大な企業に成長すると、今度は「時間を記録する人たち」の存在感が増してくる。それだけのこと。もう、僕がここで「作る人」で居続けることはない、と考えたわけだ。

もっとも、年商3000億円以下の会社ならば役所化しちゃいけない。5000億円でもまだ小回りを利かせて新しい地平を切り拓く気概を持つべきだ。

そして、たとえ1兆円になったとしても、イノベーションのスピリットは持ち続けてほしい。それを可能にするのは、なにはともあれ経営者の意識次第だ、とつくづく思う。

04

「見返す」こと
それが僕の原動力だった

▼

1つ1つの仕事で力を蓄える

　これまで僕の仕事の原動力になったもの。それは以下のような「気持ち」だった。

　エプソンのポートランド工場にいた時は「日本人を見返したかった」

　そしてアマゾンジャパンでは「アメリカ人を見返したかった」。端的に言うと、そこに尽きる。

　日系人の父と日本人の母の間に生まれて、子供のころから日本とアメリカを行ったり来たりしていた。

　中学1年生ぐらいまでは父の仕事が成功していたおかげで、東京のアメリカンスクールに通い、裕福な暮らしをしていた。当時は夏になると、米西海岸の叔父のところに数カ月間預けられた。

　そこで現地の公立小学校に行き、東洋人に対する差別を身をもって経験した。英語も日本語もどっちつかずで、自分は何人なんだろうって悩んだこともあった。

　やがて父の仕事が傾いて、僕は15歳で渡米し、高校時代はア

ルバイトをしながら映画館と図書館にばかり通っていた。父が死去して一時帰国したが、再び渡米して人に助けられながら州立大学を卒業した。

　米国での就職活動はことごとく惨敗した。だが幸いなことに、1980年代は米国において日本企業の現地法人設立ラッシュが起きた時期だった。

　ご縁あって、アメリカ進出を目指す日本企業の通訳や翻訳のアルバイトの職を得られた。その1つがエプソンの工場だった。趣味だったメカいじりの知見を生かし、エプソンがアメリカで精密機械を製造するための分厚いマニュアルやテキストをすべて翻訳した。

　僕は重宝がられて社員になり、現地の工場で部品を調達する業務を担い、赴任者と二人三脚でメーカーをひたすら回った。

　精密機械製造に関連する部品のこと、図面のこと、設備のことなどをひと通りエプソンで学び、その後、自動車業界へ転職した。日本の自動車メーカーの米国合弁事業に携わったほか、米自動車メーカーなどのサプライチェーン、人事、営業、販売と、車関係ではひと通りの仕事を担当した。

　37歳になると、アメリカに会社を作りたいという日本の小さな設備会社を手助けし、法的な整備、財務の整備、マーケティング、営業に携わった。ここで会社を作る、運営するという経験をさせてもらった。

　1つ1つの仕事で貪欲に知識を蓄え、それが自身を成長させ、

次の転職先に導かれていったみたいだ。

そうした後に、かつて働いたエプソンから工場長のポストのスカウトを受けたのだった。

様々な会社で働く中で僕が興味を持ったのは、会社をどのように運営し、どう資産を活用して、どんな商品を生み出せるのかを分析しながら組織を回していくことだった。組織の仕組み作りや、財務、人事、企画を担当する社員の価値や貢献度をどうすれば公平に評価することができるのか、そんなことばかりに考えを巡らしていた。

そしてやはり、データをもとに人を見ること、膨大な情報量を整理して理解することの大切さを痛感した。

こうした視点は、たまたま13歳のころに出会った高校野球のスカウトマンが、注目している選手のあらゆるデータを集めて解析している姿と符合した。

5年間在籍したエプソンでは、自分の信じた通りに工場を運営して結果を出すことができたけれど、リーダーとしては未熟だったから失敗もあった。そして、自分がもっと成長したいというオブセッションがあるのなら、会社、家族、仲間といった周りの人々に対するオブセッションもなければいけないと気づかされた。

そんなちょっと不完全燃焼だった自分を、アマゾンが覚醒させてくれた。

「日本の底力は、こんなもんじゃない」

　家族の事情で日本に戻ることになった時だ。ドイツ系自動車会社の部品関係の製造ディレクターになることが決まり、引っ越しの準備をしていたら、ヘッドハンターから連絡がきた。

　アマゾンが千葉県市川市に物流拠点「フルフィルメントセンター」を開設する。その総責任者を探しているから、面接を受けてみないか、という打診だった。

　ドイツ系企業への転職が内定していたものの、僕は内心、働くならアメリカの会社がいいな、と思っていた。それで、打診を受けてすぐにシアトルのアマゾン本社に赴いた。

　面接の場に現れたのは、当時のオペレーションの総責任者で、アマゾン創業者ジェフ・ベゾス氏の右腕、ジェフ・ウィルキ氏（2021年に退職）だった。彼とはこんな会話をした。

　ウィルキ氏「キミは一体、どういうことをするのが好きなのか」
　僕「目標を明確にして、組織を作って結果を出すのが好きだ」
　ウィルキ氏「人が好きなのか」
　僕「好きだね」
　ウィルキ氏「じゃあ、そういうことをするのに一番大切なことは？」
　僕「安全だ」

　その先はウィルキ氏とどんな次元で対話を進めていけばいい

かわからなかったので、僕は「あなたのバックグラウンドを教えてほしい」と尋ねた。すると、彼は電子機器製造のハネウェル、アルミニウムのアルコアなどで働いた経験がある有能なエンジニアであることがわかった。そこであれこれと細かな技術系の話題に水を向けたら、えらく盛り上がっちゃった。

　その時点で、この会社は面白そうだな、と興味が湧いたのだが、まずは現場を見てからだと思い、日本に着いてすぐに、開業を間近に控えた市川のフルフィルメントセンターを見学しに行った。やることがいっぱいあるな、というのがその時の正直な感想だった。

　外資系のカルチャーに染まりすぎていた日本人社員は、周りで何が起こっているのか気にもせずにパソコンの画面を眺めているだけ。オペレーション部門と販売部門の連携もうまくとれていない。

　僕が条件交渉もせずに総責任者を引き受けることを決めたのは、当時出会ったアマゾンジャパン社員たちの「仕事がだらしなかったから」という理由に尽きる。

　当時はDELLやNCR、IBMといった名だたる米国企業が日本から製造部門を引き上げ、東南アジアに移転させているさなかだった。

　エプソンで日本人のもの作りの信念を目の当たりにしてきた僕にとって、そんな状況は悔しかったし、日本の現場でこんな

だらしない仕事をする日本人がいるのが許せなかったんだ。そしてそれを見たアメリカ人が「こんなもんでしょ」と許容することも絶対に嫌だった。

いやいや、日本の底力はこんなもんじゃねーよ。頭に血が上った。

横では物流センターの引っ越し作業の激務で青ざめている技術系のベテランが、「組織運営は僕にはできない。早く来てください！」と懇願する。僕は即決してその場で契約書にサインした。

アマゾンジャパンでやってきたこと

それから僕の16年間に及ぶアマゾンジャパンでの挑戦が始まった。

年功序列が完全に崩壊し、業務実績のデータで社員を解雇できるアメリカと、年功序列の終身雇用で、勝ち負けを嫌う日本。簡単に良い悪いは判断できないけれど、競争力が落ちた日本の現状を見れば、昔ながらの経営が、環境の変化に対応できていないことは明らかだった。

僕はアマゾンジャパンに入って、自立できる力を持つ人たちを支援する組織を作りたかった。

アメリカの会社が構築した仕組みを利用して、自立した日本人が活躍する会社作りに少しでも貢献できればいいと思っていた。

日本の企業人はまだまだmaturity（成熟）という点では欧米に後れを取っていると僕は見ている。だから、僕は会社の人間とはいつも同じ目線で話し、情やしがらみにとらわれない、論理的な思考を浸透させることを心がけてきた。そうすることで、国籍を問わずにどんな会社でも活躍できるような、自立して成熟した企業人を育成できると信じてきた。

05

賃金上昇　阻むのは誰か

▼

夢と希望が失われた理由

　石原裕次郎がサラリーマン役を演じる1960年代の映画を見ていて、ものすごくショックを受けた。この映画は1960年代、高度成長期の日本を描いている。作中で裕次郎が給料について語る部分がある。こんな内容だと記憶している。

　「僕はこの会社に入って新卒で月給1万2000円。10年経つと係長で1万5000円になって、30年働いて部長になると月給は5万円くらいに増える。でも、それで本当にいろんな幸せをつかめるのかな」

　高度成長期の多くの日本人会社員は、同じ会社に勤めていれば、それなりの昇進・昇給が望めた、そういう時代だったんだろうな、と思った。さらにその後のこんなシーンも強く印象に残った。

　映画のマドンナ役は婦人警官を演じる芦川いづみ。裕次郎は仲間に、彼女をデートに誘う、と宣言する。仲間が、絶対無理だ、

と言い、じゃあ賭けよう、連れてきたら1000円だ、と挑発する。それでみんなも乗った！となって1000円ずつ賭ける。6人で6000円だ。

　月給は1万2000円で、賭け金は1000円。この映画は60年近く前のストーリーだが、もし今、同じノリの話があったとしたら、1000円前後のランチをご馳走する、というくらいの話だと思う。裕次郎の役が、月給に比べてかなりの大枚をはたける理由は、大きな会社で働いていて、将来不安も全然ないからなんだろう。

　その1000円には、会社も自分も成長していくという、夢と希望が反映されている、そんな気がした。

もはやそんな夢と希望に満ちた右肩上がりの日本は存在しない。

　バブル経済崩壊後から日本の賃金水準は低迷している。人手不足の介護職や看護師といったエッセンシャルワーカーですらそうで、賃金における欧米との差は開くばかりだ。

　日本では30年間、実質賃金が上がらず、一方で消費税は上がり、さらなる増税や年金の納付期間延長が議論されている。牛丼や野菜の値上げのニュースがテレビをにぎわし、生活が圧迫されていると報道されるが、本来、成長していく国なら値上げは当たり前。その当たり前のことが異常事態としてとらえられるような日本においては、何よりも賃金引き上げを優先しなき

ゃいけない。

会社はあなたを守ってくれない

　一方で、働く人たちも嘆くばかりではなく、もはや会社は自分を守ってくれる存在ではない、と覚悟しなければいけない。

　今はもうあまり言われなくなったと信じたいが、「社畜」という言葉は日本独特のものだ。英語で似たような言葉は見当たらない。羊（sheep）や牛（cattle）といった単語を「言われたことをやるだけで思考がないグループ」の意味で使うことはあるけれど、そもそも、会社に飼われている、という発想自体、欧米では理解されにくいことだ。

　終身雇用制度下で我慢して仕事をしている日本人が、とりわけ奇異に見えるのは、理不尽なサービス残業にも耐えていることだ。しかも、仕事の質は落とさずにきちんと真面目にこなす。

　それは日本人の美学かもしれないけれど、どんな状況でも不満を言わずにやるのが当たり前という感覚が、賃金上昇などの待遇改善を阻んでいる最大の要因なんじゃないかと思う。

　官庁ですらサービス残業をしている事実には、なお驚いてしまうよ。日本には労働法も労働基準監督署もあるよね。なぜ我慢して残業をしているんだろう。

　欧米ではお金をもらえない残業はありえないし、そんなことがあったらきっと暴動が起きるよ。

YouTubeやブログを見れば、そうした過酷な労働環境に耐えられない、という会社員の悲痛な訴えや愚痴が渦巻いている。

　その中に、膨大な仕事を消化しきれずに自分を責め、鬱状態になったことを話している人がいたんだけど、じゃあ、なぜメンタルをやられるまで我慢しなきゃいけないの？　SNSで発信してツラい環境に同情されて承認欲求を満たしたところで、その人は救われるのだろうか。

　すぐ逃げ出して、次の仕事へチャレンジしようよ。そう言いたいところなのだが、実際のところ、そう簡単にはいかないみたいだ。

　一種の「はやり」みたいに転職のコマーシャルがあふれているけれど、エンジニアなどは別として、それほど日本の雇用が流動化しているとは思えない。

　制度うんぬんだけではなく、それを受け入れるメンタリティーが、まだ多くの日本の会社員には根付いていないと僕はみている。

自分の市場価値を自分で高める

　その理由はどこにあるのか。

　僕が思うに、日本の多くの会社員には、自分で生きていく自信や、自分の市場価値を高めていくという思考が乏しいのだろう。

　高校・大学や家庭で就職の話はしても、キャリア作りの話は

あまりしない気がする。実際、日本の新卒一括採用、終身雇用という雇用形態では、我慢して働くのが「楽」でもある。

　アメリカでは、いつ何どき会社から放り出されるかわからないリスクがある。2022年は1万人を超すメタ（旧フェイスブック）の人員削減などIT企業の大量解雇のニュースが世界中を駆け巡った。
　こうした事態に備え、次のマーケットで自分を高く売るためのスキルを身につけようと努力している。そして多くの人は、自分のスキルのマーケットバリューを知っている。

　対して、日本は今のところはスキルベースの社会ではない。本来仕事とは、そのスキル（能力）をきちんと評価できるものであるべきだし、スキルに対する報酬の仕組みがわかりやすいものでなければならない。
　人は自分の会社における現在のスキルレベルを自覚し、転職を考えるならばそのレベルに合う業務内容の仕事を探せばいいわけだが、そんなキャリアの道筋は日本ではなかなか見えてこない。大企業や上場企業にもそうした採用の仕組みは確立されていないのだ。

　アマゾンはどうだったかというと、中途採用の人材が圧倒的に多く、離職率も高い。離職の理由も日米では異なる。
　アメリカではヘッドハンティングによる離職が多く、日本では会社がどんどん変化していくことに追いつけず、居場所がな

くなって離職する、という理由が多い。特に変化への対応能力が弱いのが管理職だ。

僕はいつもアマゾンジャパンの社員にこう言っていた。

「いつでも辞められる度胸と、頭よく辞めるための能力を磨け。この会社には学ぶことがすごく多いから、自分の次のステップを考えて、頑張って学びなよ」

そんな日本で、職歴ではなくスキルでステップアップできる数少ない業界の1つが、外資系高級ブランドではないだろうか。

この業界に携わる人たちはブランドビジネスのことをよく学び、高額品を販売するスキルを身につけて、多くのブランドを渡り歩いている。自分の能力次第でより高い報酬を得られる世界だということをよく知っている。

日本では40年間同じ会社で働いても、生涯年収は平均値で2億5000万〜3億円という悲しい現実がある。それに甘んじるのか、それともスキルを身につけて道を拓くのか。

黙って残業し続ける労働者がいる限り、会社側に、それなら賃金を上げる必要はない、という口実を与えてしまう。そんな状況がこの先も続くことを僕は心から危惧している。

06

M＆Aでは
メトロノームを刻め

▼

事業規模拡大には有効な手段

　業容の拡大や成長の加速を狙ってM&A（合併・買収）を行う企業が増えている。2021年に日本の企業が関わったM&A（出資を含む）の件数は過去最多だったという。

　その中身を見ると、AI（人工知能）やDX（デジタルトランスフォーメーション＝デジタル変革）の技術を自社に取り込み、市場の変化に対応しながら競争力を高める目的でM&Aに乗り出す企業が多いようだ。

　アマゾンはかなり前からクラウドサービスをはじめとする多くの事業に多額の出資をし、欧米で大型のM&Aを継続的に行ってきた。

　2022年に話題になった大型買収を挙げるなら、例えば家庭用ロボット掃除機「ルンバ」を手掛ける米アイロボットや、オンライン診療の米ワン・メディカルの事例がある。

　日本では化粧品口コミサイトの「＠コスメ」を運営するアイスタイルに出資して筆頭株主になった。アマゾンは二十数年もの間、日本で事業を運営してきたけれども、日本の企業に出資

するのは異例のことだった。だからメディアの間でもかなり注目された。

　M&Aをすれば相手企業の売上高が単純に乗っかってくるのだから、手っ取り早く事業規模を大きくするのには有効な手段といえる。
　場合によっては市場シェアがただちに拡大する。Ｍ＆Ａで「時間を買う」、というのはそういう意味だ。
　改めてM&Aという言葉を英語で理解してみるといい。つまり、Mergers（合併）and Acquisitions（買収）。かみくだいて言うと、Mergersはつながる、Acquisitionsは取得する、ということ。売り上げの総額を増やす効果は一目瞭然だ。

　M&Aには売り上げだけでなく、自社の株価を上げる効果も期待できる。ファンドにとっては、ちょこちょこと買っては売り逃げする、お金をもうけるための手段になる。それはそれで目的がはっきりしている。

自社に欠けているものを補う

　M&Aが単なる企業の売り買いであって、売り上げと株価を重視した財務主導型のものであるならば、自社と相手方企業との文化の違いや事業の融合などを気にする必要はない。また、単に株を持つだけで、相手方企業の完全な独立を尊重するのであれば、シナジー（相乗効果）などを考える必要もそれほどない。

だが、M&Aした相手方企業をグループ化して、プラスアルファの効果を継続的に追求するとなると、それは別の話になる。

　M&Aとは本来、相手方が自分たちにはない能力、足場のない市場、手を着けていない事業を持っていて、それを取り込むことによって自分たちのコアビジネスに付加価値を与えるという成果を期待すべきものだ。
　M&Aによって何を補うのか、というコンセプトが明瞭であるほど成功の確率は高く、大きな成果が望める。そして、相手方の企業が安定した事業運営の仕組みを持っているならば、M&Aは成功しやすい。

　アマゾンのフライホイールの理論にあてはめてみても、やはりM&Aは自社に欠けているところを補うものであるべきだ。自社には必要であるけれども欠けているものは何なのか、をまず正しく認識すること。そして、それを持っている理想的な会社を統合し、効果の極大化を実現するのがM&Aのあるべき姿だ。

　アマゾンは2017年、オーガニック食品を扱うスーパー大手のホールフーズを買った。それまで何年にもわたって自社で生鮮食品を扱ってみたけれど、なかなかうまくいかなかった。それで、やはり「餅は餅屋」ということでスーパーを買おう、と決意したわけだ。
　では、アマゾン創業者のジェフ・ベゾス氏はスーパーがいく

つもある中で、なぜホールフーズを選んだのか。価値観や文化がアマゾンに最も近いから、という判断だったのだろう。

僕もホールフーズ買収の話を聞いた時、やはりそうだよな、と合点した。事業ポートフォリオに欠けている部分を「補う」という視点を持ちながら、「アマゾンの思想に合う」という点にもこだわったのはベストな選択だと思ったのだ。アマゾンが買うスーパーなら、セーフウェイでもトレーダージョーズでもフレッドマイヤーでもない。

対話と理解を繰り返し、共に成長する

M&Aを成功させるためにもう1つ重要な条件は、自立している企業を買うことだ。相手方の足腰が弱っているからと性急に人材を派遣して立て直しをはかり、向こうの組織バランスをグチャグチャにしてしまっては元も子もない。しっかりした企業を傘下に収めたうえで、少しずつこちらの組織に「なじませていく」ことが理想だ。

これは嫁姑問題と似ている、というとわかりやすいだろう。結婚した息子の妻に、義母が「うちの家はこのやり方です」と言ってルールやしきたりを押しつけたら、妻のストレスはたまるばかりになる。人としてリスペクトしてあげて、いろんなことを一緒にやりながら、数年かけてお互いが理解し合うことが肝心だ。そして義母も息子の妻から何かを吸収する、という姿勢を保つ方がうまくいく。

買収した企業をグループに組み入れる時は、財務や人事といったバックオフィス部門の業務の平準化も考えなければいけない。財務会計は統合すべきだし、人事も２つはいらない。

　人事の統合が必要なのは、人材の配置が無駄だから、という理由だけではない。

　給与体系は企業によって異なっていてもいいけれど、一貫した規律と秩序を保たなければ無益な対立が生まれてしまうからだ。

　従業員５万人規模の企業が１万人の企業を買い、次に2000人の企業を、さらに500人の企業を買ったとする。

　もしこれら４社の間で査定基準や雇用環境が著しく異なっていたり、福利厚生に大きな差があったりしたら、後れを取る企業の従業員のモチベーションはグンと下がってしまうだろう。

　M&Aが生み出すのは異文化、異人種の集まりであり、１つの価値観のもとに統括する苦労は並大抵のことではない。破綻をきたす事例も決して少なくない。

　もっと大きな組織で例えてみれば、ローマ帝国しかり、植民地政策しかりだ。

　イギリスの植民地政策は教育や鉄道を駆使して連帯感を醸成し、統治の安定を図った。それで一定の成果を出したのはたいしたものだと思う。その秩序を長期間にわたって維持するには、異なる人種や違う言語を大いに尊重する気構えを持たなくてはならない。

しかし、帝国・植民地時代は人種・自国優位主義のうえに成り立っていた（ただし、白人主義ではない。帝国主義は白人の専売特許ではないから）。この上下関係は国レベルだけではなく、当然企業にもあてはまる。Mergerは最も難しく、Acquisitionとは性質が違う。

日本では大手企業の内部留保が増え、一方で体力のない企業もどんどん増えている。戦略的なものであれ、救済色が強いものであれ、様々なケースが考えられるが、M&Aそのものはますます増えていくだろう。

理想論と言われるかもしれないが、ここで僕が思い浮かべる成功のイメージは、一定のリズムを刻むメトロノームだ。バックオフィスを含めた相手方企業の事業運営のリズムを、時間をかけて自社のリズムに同調させていく。

力ずくではなく、対話と理解を重ねながら、ともに歩んでいく。そして同じ歩調で成長の階段を着実に上っていくことだ。

だが、スピーディーに効果を出したいし、のんびりしている余裕はない。まずは共通した言語（KPI）の導入と数値管理をもとにした目標の躾が必要だ。

ある意味、企業のリスキリングなのだから、忍耐力をもって、着実に地力を高めていく姿勢で臨まなければ成果は期待できない。資本優位性を笠に着て、本社からの任命などで植民地的に統合しようとするのはナンセンス。たとえ表面上は統合が進んでも、得られるはずの相乗効果が生まれなくなってしまうよ。

終章　あとがきにかえて

　この本の執筆は、いわば僕にとって格好の「リスキリング」に
なった。僕たち著者2人で内容を詰めていく課程で、たくさんの
学びと気づきがあったからだ。

　第一に何を学んだか、というと、自分との向き合い方だ。

　米国で、そして日本で、今まで僕はどんな心持ちで仕事に臨
み、上司や部下と接し、目標達成のためにいかなる努力をして
きたか。組織を動かすための方法論、経営の核心をどうやって
つかみ、踏襲してきたか。はたして自分は、どれだけのオブセッ
ションとパッションをもって経営にあたってこられたのか
——。

　来し方を振り返りながら僕の考えを整理する作業はすなわ
ち、ビジネスマンとしての自分がなし遂げたこと、まだ道半ば
であることを客観的に、冷静に評価する絶好の機会となった。
今の自分が過去の自分と正対してヒアリングしている、そんな
感覚だ。よくここまでできたものだ。でも、ここは視点が甘か
ったんじゃないか……。一歩立ち止まり、謙虚に自分自身を見
つめ直すことができれば、掛け値なしの満足感に浸れるし、真
摯に反省すべき点も明らかになる。そこで得た視点は、間違い
なく、次なる挑戦への糧となる。

仕事関係の会合に行くと、僕が世間の目にどう映っているのかを再認識させられることがある。「なんか持ち上げられているな」と感じる場面も少なくない。それはECや物流に関する自分の仕事の業績を評価してもらっているからだ、と思えば、まあ理解はできるし、うれしい気持ちにもなる。

　ただし、僕は頂点を究めた人間では決してない。それは自分が一番よく知っている。まだ成長途上の人間であるとも思っている。知らなくてはいけないことが山積しているし、もっと多くの人や企業と出会って学んでいきたいと心の底から望んでいる。
　そしてたくさんの人からたくさんの学びを得た。我が同志に、アンディ鹿妻とダグ・ハインバーガーがいるが、彼らの知見なくしてアマゾンジャパンの拡大はなかった。その他多くのチームメンバーに助けられたし、目的を共有して活動できたことは協力企業を含めて、僕にとって幸せである。

　学ぶことは冒険だ。この本は僕が今までやってきた冒険と実績をリフレクトしたものだ。ここから、僕にとっての、新しい冒険が始まる。
　この本は答えを与える本ではなくて、考えるきっかけを与える本でありたい。
　そして、僕自身が再び自分を成長させるためのスタートラインでもある。

ジェフ・ハヤシダ
CoEvo 代表

米ポートランド州立大学を卒業後、自動車を含む複数のメーカー勤務を経た後に日本の家電メーカー、エプソンのポートランド工場長に就き、国内外工場の中でトップの品質と生産性を誇る水準に導いた。2005年アマゾンジャパンに入社しフルフィルメント事業部ディレクターとなる。2011 ～ 2021年、アマゾン本社副社長兼アマゾンジャパン社長を務めた。

松本和佳（まつもと・わか）
日本経済新聞社 シニア・エディター兼
NIKKEI STYLE Men's Fashion編集長

早稲田大学を卒業後、日本経済新聞社入社。日経MJデスク、編集委員などを経て2019年から現職。ファッション、富裕層消費、ブランドビジネス、経営課題など幅広く取材。2002 ～ 2003年パリのファッションビジネススクールIFM留学。

OBSESSION
（オブセッション）
こだわり抜く力

2023年3月16日　1版1刷

著者	ジェフ・ハヤシダ 松本和佳
発行者	國分正哉
発行	株式会社日経BP 日本経済新聞出版
発売	株式会社日経BPマーケティング 〒105-8308 東京都港区虎ノ門4-3-12
ブックデザイン	野網雄太（野網デザイン事務所）
印刷・製本	三松堂株式会社

© Jeff Hayashida, 2023
ISBN978-4-296-11710-9
Printed in Japan